It's another Quality Book from CGP

This book is for anyone doing GCSE French at Higher Level.

It contains lots of tricky questions designed
to make you sweat — because that's the only
way you'll get any better.

It's also got some daft bits in to try and make
the whole experience at least vaguely
entertaining for you.

What CGP is all about

Our sole aim here at CGP is to produce the highest quality
books — carefully written, immaculately presented and
dangerously close to being funny.

Then we work our socks off to get them out to you
— at the cheapest possible prices.

Contents

Published by Coordination Group Publications Ltd.

Editors:
Sam Norman
Rachael Powers
Jennifer Underwood

Contributors:
Heather Gregson
Edmund Robinson
Nadia Waller

Monsieur LeBœuf was not harmed in the making of this book.

ISBN: 978 1 84762 286 0

With thanks to Christine Bodin, Glenn Rogers and Helen Smith for the proofreading.

Groovy website: www.cgpbooks.co.uk
Jolly bits of clipart from CorelDRAW®
Printed by Elanders Hindson Ltd, Newcastle upon Tyne.

Based on the classic CGP style created by Richard Parsons.

Numbers

Q1 Write out these numbers as words (in French).

Most topics need numbers somewhere. You won't get away with not knowing them.

a) 1   e) 109   i) 63   m) 1983

b) 7   f) 35   j) 581   n) 2004

c) 8   g) 17   k) 392   o) 1999

d) 14   h) 71   l) 5431   p) 1 000 000

Q2 Turn these "one, two, three" numbers into "first, second, third" etc.   e.g. deux ➡ deuxième

a) dix   g) trente-sept

b) sept   h) quinze

c) un   i) vingt et un

d) deux   j) neuf

e) quatre-vingts   k) quarante-six

f) deux cents   l) seize

Look out for numbers that drop a letter 'e' in the middle — e.g. 'quatre' drops the 'e' to become 'quatrième'.

Three? Your Mum and Dad must be so proud.

Q3 Write out the price on each ticket in French.

a)  €8,50

b) € 15,00

c) € 20

d) Prix Spécial € 9,30

Watch out — this is 9 euros and 30 cents, NOT 930 euros. The French use commas instead of decimal points.

Q4 Translate these sentences into French.

a) I've got three sisters.

b) Jeanne has six cats and two dogs.

c) I want twenty-five onions, please.

d) My phone number is 42 15 66 78.

e) My grandma is seventy-six years old.

f) Take the second road on the right.

g) I watch five films a month.

h) It is the fourth time.

i) My sister is thirteen years old.

j) I get fifty euros pocket money a month.

k) I'm going on holiday on 14th April.

l) The exam is on July 1st.

m) My date of birth is ...

n) My telephone number is ...

Use your actual date of birth and phone number for these questions.

Q5 You've blagged your way onto the French version of Countdown.
Practise for the numbers round by giving the answers to the following sums in French.

a) huit plus vingt-trois

b) neuf plus six, multiplié par trois

c) neuf cent trente-quatre moins un, divisé par trois

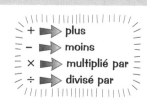

+ ➡	plus
– ➡	moins
× ➡	multiplié par
÷ ➡	divisé par

Times and Dates

Q1 Write out the time shown on each clock in full French words.
For example, Clock A would be 'Il est neuf heures et quart'.

 **A** Quarter past nine.

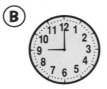 **B** Nine o'clock.

 **C** Twenty-five to eight.

 **D** 13:10

 **E** Quarter to ten.

 **F** 10:55

 **G** Twenty to four.

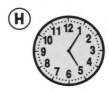 **H** Five past five.

Q2 Write out the time shown on each clock in full French words.
Give the time in two different ways for each clock.

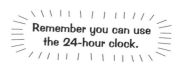 Remember you can use the 24-hour clock.

 **1**

 2

 3

 4

5

 6

7

 8

9

Q3 Write out sentences in French giving the opening and closing times of each of these shops. Make sure that you mention both the days and the hours that they're open.

e.g. Le grand magasin est ouvert du lundi au samedi de neuf heures à vingt et une heures, et le dimanche de dix heures à dix-huit heures.

Boulangerie
Heures d'ouverture:
lundi-vendredi
09h00-12h00 &
14h00-19h00
samedi
09h00-12h00 &
14h00-16h30

NANA - LE GRAND MAGASIN
lundi-samedi 09h00-21h00
dimanche 10h00-18h00

DESSERTS DÉLICIEUX
16 rue Monet
Bar Glacier Pâtisserie
lun.-ven. 11h00-21h00
sam.-dim. 13h00-22h00

Boucherie
47 avenue de la Poste
du lundi au mercredi, vendredi:
08h00-12h30 & 14h30-17h30
jeudi:
08h00-12h30 & 14h30-20h00
samedi:
08h00-12h30 & 14h30-17h00

Use full French words for all the numbers.

Times and Dates

Q1 Match up the names of the seasons with the pictures.

a) l'été   b) l'hiver   c) l'automne   d) le printemps

1    **2**    **3** 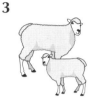   **4**

Q2 Write out the French names for these months.

a) February   e) December   i) November
b) September   f) July   j) May
c) October   g) January   k) August
d) March   h) April   l) June

Q3 Write out these dates in English.

a) le deux décembre   f) le trente mai
b) le onze octobre   g) le vingt-deux juillet
c) le quatorze mars   h) le trente-et-un janvier
d) le premier août   i) le vingt-neuf avril
e) le quatre février   j) le quinze novembre

Q4 Read the conversation between Amélie and Manon, then answer the questions in English.

Amélie:	**Veux-tu venir regarder un film chez moi demain après-midi?**
Manon:	Mais on regarde toujours des films. Je préférerais faire quelque chose d'autre.
Amélie:	**Si tu veux. Ça t'intéresse d'aller faire du patinage?**
Manon:	Oui, ça m'intéresse, mais je suis libre le matin seulement.
Amélie:	**Ce n'est pas un problème, je suis disponible toute la journée. Et moi, je fais du patinage assez rarement, donc j'ai très envie d'aller à la patinoire.**
Manon:	C'est super. On se verra à la patinoire à 10h alors?
Amélie:	**D'accord. À demain.**

A video? My, how retro...

a) Does Manon want to watch a film? Why / why not?
b) When is she free?
c) When is Amélie free?
d) Why is Amélie excited about going skating?

4

Questions

Q1   Pop the best question word from the oval into each sentence.

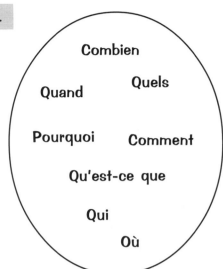

    a)   .... est-ce que le film commence?

    b)   .... sont mes chaussettes?

    c)   .... sont les meilleurs œufs?

    d)   .... peut me donner un stylo?

    e)   .... tu aimes faire le soir?

    f)   .... peux-tu faire ça?

    g)   .... d'oignons peut-on porter sur la tête?

    h)   .... est-ce que tu chantes ces chansons?

The oval contains: Combien, Quand, Quels, Pourquoi, Comment, Qu'est-ce que, Qui, Où

Q2   Choose between either 'Qu'est-ce que' or 'Est-ce que' to start these questions off correctly.

REMEMBER: When 'est-ce que' and 'qu'est-ce que' are followed by a vowel, they don't have an 'e' on the end, e.g. 'Qu'est-ce qu'il va faire?'

    a)   .... vous allez faire si nous ne le trouvons pas?

    b)   .... tu le feras avant de partir en vacances?

    c)   .... il préfère la robe rouge ou la jupe rose?

    d)   .... nous pouvons manger seulement du chocolat?

    e)   .... elles vont faire pour fêter le mariage de leurs amis?

Q3   Switch round the verb and the subject to turn these statements into questions.

    e.g. 'Tu fais l'anglais à l'école' ➡ 'Fais-tu l'anglais à l'école?'

    a)   Tu peux me donner un verre d'eau.

    b)   Il est venu.

    c)   Ils ont des animaux.

    d)   Tu aimes la musique électronique.

    e)   Je peux laisser mon vélo ici.

HINT: 'Je peux' changes when you switch it round — it's 'puis-je' NOT 'peux-je'.

Q4   Finally, how would you ask your favourite film star these questions in French?

What do you like to eat?

- How old are you?
- What's your favourite film?
- What are your hobbies?
- Do you like sport?
- What do you eat in the evening?

Being Polite

Q1   Choose the correct form of 'you' to use in each of these sentences.

a)   Comment allez-vous / vas-tu? (to your friend's grandma)

b)   Voulez-vous de l'eau? / Veux-tu de l'eau? (to your boyfriend/girlfriend)

c)   Voulez-vous du chocolat? / Veux-tu du chocolat? (to a vicar)

d)   Oui, s'il vous plaît. / Oui, s'il te plaît. (to your teacher)

e)   Entre. Assieds-toi. / Entrez. Asseyez-vous. (to your sister)

Q2   What would you say to be polite in these situations?

Use all the phrases in the box.

> Pardon!   Enchanté(e).   Excusez-moi, monsieur.
>
> De rien.   Comment allez-vous?   Je suis désolé(e).

a)   You want to stop a man in the street to ask for directions.

b)   You've spilt coffee on your best mate's favourite sweater.

c)   Ever curious, you wonder how the stranger sitting next to you is feeling.

d)   How rude. You hold the door open, and she doesn't say thank you. Say you're welcome.

e)   You're in a china shop, and your pet bull has accidentally broken a huge soup plate.

f)   You've just been introduced to a charming young lady at the royal enclosure at Ascot.

g)   You've just been introduced to a frightfully nice chap sharing your box at the opera.

Q3   No messing. Translate these phrases into French.

a) How are you? (informal)

b) How are you? (formal)

c) Great!

d) Fine, thanks.

e) Very well, thanks.

f) Alright/so-so. (not good, not bad)

Sergeant Burt liked to show his deadly finger to new recruits.

Opinions

Q1 Tick the right box (like, dislike, don't mind) for each of these French phrases.

	Like	Dislike	Don't mind
a) J'aime	☐	☐	☐
b) .... me plaît.	☐	☐	☐
c) ..... ne m'intéresse pas.	☐	☐	☐
d) ....., ça m'est égal.	☐	☐	☐
e) Je trouve .... affreux.	☐	☐	☐
f) Je trouve .... chouette.	☐	☐	☐
g) J'aime bien	☐	☐	☐
h) ...., ça va.	☐	☐	☐
i) Je la trouve sympa.	☐	☐	☐
j) Je m'intéresse à	☐	☐	☐

Q2 Write 10 French sentences about what you like and dislike, using the phrases in Question 1.

Q3 Use a word from the box to fill in what Claudine is saying abo

HINT: It doesn't matter which word you choose — just make sure you put the right form.

If you're talking abou
e.g. Je pens

Box: super, beau/belle, intéressant(e), formidable, sympa, gentil(le), fantastique, affreux/affreuse

Manu: Quel est ton avis sur Cha...
Claudine: Je trouve Charles ....

Manu: Qu'est-ce que tu penses de Laurent?
Claudine: Je le trouve ....

Manu: Qu'est-ce que tu penses de Sophie?
Claudine: Je trouve Sophie ....

Manu: Quel est ton avis sur Jean-Pierre?
Claudine: Je le trouve ....

Manu: Qu'est-ce que tu penses de tes petites nièces?
Claudine: Elles sont ....

This time you need to make the word plural.

Opinions

Q1 Somewhat bravely, Marie asked her friends what they thought of her new boyfriend. Read what they said, then answer the questions underneath.

> J'aime bien ses yeux bleus et ses cheveux noirs aussi bien que les vêtements qu'il porte. J'avais l'impression qu'il voulait devenir amis avec moi.

Sabine

> Il m'a beaucoup parlé du livre qu'il lit en ce moment et ça m'a plu. Il a aussi offert de ramener ma grand-mère à la maison — j'ai trouvé ça sympa.

Julie

> Il a parlé de sa voiture pendant des heures et ne m'a pas posé une seule question. En plus, il était méchant avec mon chien et impoli avec ma mère.

Agnès

a) Qui trouve qu'il est beau?

b) Qui le trouve intéressant?

c) Qui croit qu'il est ennuyeux?

d) Qui le trouve gentil?

e) Qui pense qu'il est sympa?

f) Qui trouve qu'il est affreux?

Q2 Answer these opinion-type questions. You can use your own opinion or someone else's.

a) Qu'est-ce que tu penses du sport?

b) Comment trouves-tu ce film?

c) Qu'est-ce que tu penses de mon ami?

d) Quel est ton avis sur l'art moderne?

e) Qu'est-ce que tu penses du jazz?

f) Comment tu trouves le tennis?

g) Qu'est-ce que tu penses du football?

h) Comment as-tu trouvé le dernier film que tu as vu?

i) Comment trouves-tu les cours de français?

Q3 Put these opinions into French, along with the reasons behind them.

a) I don't like that film. It's too long.

b) I like skiing. It's fantastic.

c) I like Thérèse. She's kind.

d) I think the film is terrible because the story is stupid.

e) I find that song boring because it's very slow.

f) I like Harry because he's funny.

g) I like this drawing because the trees are beautiful.

h) I don't like dogs because I find them frightening.

i) That's stupid, because you can't swim to Montréal.

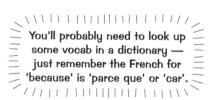

You'll probably need to look up some vocab in a dictionary — just remember the French for 'because' is 'parce que' or 'car'.

8

What do you think of...?

Q1   You're having a conversation with your friends about likes and dislikes.
Fill in your bits in French.

EMILIE: Moi, je trouve le groupe 'Moi et mon chien' fantastique.

XAVIER: Mais non, il est nul. Tu es d'accord?

VOUS: They're OK, but I prefer The Fuzzballs.

EMILIE: Ah oui, The Fuzzballs sont excellents. Je les ai vus dans mon journal préféré.

VOUS: Me too. I saw them in 'Starpaper', which is great.

XAVIER: 'Starpaper' est ennuyeux comme journal. 'Celeb Weekly' est meilleur.

VOUS: I read 'Celeb Weekly' last week. I thought it was awful.

EMILIE: Je ne lis pas souvent les journaux. Je regarde plutôt des films. J'ai trouvé Pretty Woman merveilleux.

XAVIER: Ma mère adore Pretty Woman. Moi, je préfère Top Gun.

VOUS: I like Top Gun too because it's cool. Do you like it, Emilie?

EMILIE: Il est assez bon. Tu vas regarder le foot demain?

VOUS: Yes, because the teams are fantastic.

Q2   Write a sentence in French about each of the things below, giving a reason why you like it.

e.g. Mon émission préférée est '24' parce que j'adore les personnages.

a) Your favourite film.
b) Your favourite football team.
c) Your favourite group.
d) Your favourite type of music.
e) Your favourite magazine.
f) Your favourite TV programme.

Q3   Some of these sentences have a mistake in them. Identify the wrong ones and rewrite them correctly.

HINT: Check whether things are masculine or feminine and make sure that adjectives agree.

a) Je n'aime pas ce livre. Je le trouve ennuyeuse.
b) Cette émission est assez bon. Je la trouve pas mal.
c) L'Olympique Lyonnais est une équipe super.
d) J'aime ce film — je la trouve merveilleux.
e) Je lis ce journal tous les jours parce qu'il est intéressant.
f) J'écoute souvent les Choco-pops car ils sont excellent.

Informal Letters

Q1   Read this scintillating letter and answer the questions underneath.

> La Rochelle, le 23 octobre
>
> Salut!
>   Merci de ta lettre. Je suis très content d'avoir un correspondant anglais.
>   Eh bien, moi, j'ai quinze ans. J'habite un appartement au centre de La Rochelle avec mes parents et ma sœur, Martine. Mon père est agent de police et ma mère est dentiste.
>   Je vais au collège St Étienne, à La Rochelle. Mes matières préférées sont la physique et la géographie. Je déteste les maths parce que c'est très difficile et mon prof est trop strict.
>   Comme toi, j'aime beaucoup le football. Mon équipe préférée est Bordeaux. Quelle est ton équipe préférée? J'espère recevoir bientôt de tes nouvelles.
> Amitiés,
>
> Gérard

a)   What do Gérard's mother and father do?

b)   What are his favourite subjects?

c)   What's another good way to start a letter like this?

d)   Give another way to sign off at the end of a letter like this.

Hint: Think about any letters to friends you've looked at in class.

e)   How would you say that you're looking forward to receiving more news from your penpal?

f)   How would you ask your penpal how it's going?

g)   Do you need to put your full address at the top of an informal letter?

Hint: You'll find the answer to this one in Gérard's letter.

Q2   Write some letters using the information given below.

a)   You're writing in French to a girl called Anne-Claire. Start with "Dear Anne-Claire". Say you're glad to have a French penpal. Tell her how old you are and where you live.

b)   You're writing to a boy called Jean-Luc. Start with "Dear Jean-Luc" and thank him for his letter. Say that you don't like History either, but you like Physics and Chemistry.

HINT: 'Dear' is 'Cher' when you're writing to a boy, but 'Chère' when you're writing to a girl.

c)   You're writing to a girl called Hélène. Start with "Hi!" and ask her how she's doing. Say that your exams are going to finish next week. Ask her when her exams are. Wish her good luck. Say you're looking forward to receiving news from her.

Formal Letters

Q1   Read this letter, and answer the questions.

5 Cherry Lane
York
England

Hôtel République
Paris
York, le 3 mai 2009

Madame / Monsieur,

J'ai passé une semaine dans votre hôtel entre le 12 et le 19 avril. Malheureusement, je n'étais pas du tout contente de mon séjour.

La chambre était sale et on avait froid pendant la nuit. En plus, j'étais au dixième étage et l'ascenseur ne fonctionnait pas. Le troisième jour, il n'y avait plus de croissants au petit déjeuner. Par contre, j'ai beaucoup aimé Paris.

Je vous serais très reconnaissante si vous pouviez me rembourser une partie de mon séjour. Je vous remercie d'avance.

Je vous prie d'agréer, Madame / Monsieur, l'expression de mes sentiments distingués.

Jennifer Parker

Jennifer Parker.

a)   When did Jennifer stay at the Hôtel République?

b)   What was wrong with her room?

c)   Which floor was she staying on?

d)   What happened on the third day?

e)   What did Jennifer think of Paris?

f)   What does she ask for?

Q2   Just about everyone loves the phrases you use in formal letters, but what do these ones mean in English?

a)   Je vous prie d'agréer l'expression de mes sentiments distingués.

b)   Je vous remercie d'avance.

c)   Je vous serais très reconnaissant(e).

d)   Madame / Monsieur,

e)   Derby, le 25 février 2008

f)   Je vous prie de bien vouloir me renseigner...

Q3   Write a formal letter to a hotel, laid out like the one in Q1. Include all the information given below.

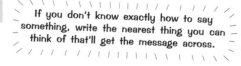

- Write the letter to: Hôtel Fleurette, rue Montmartre, Nice.
- Write 'Dear Sir / Madam'.
- You stayed from 10th to 27th July.
- You weren't happy with your stay.
- You were surprised to find a cow in your room.
- The shower didn't work, the curtains were dirty and there was no parking.
- You'd be grateful if they'd give you one night free next time you stay.

Food

Q1 You've prepared a shopping list, but your local épicerie doesn't have everything you need. You've crossed out the items you've bought. Write down the French for the items that weren't available.

Shopping list

~~bread~~   ~~mineral water~~   apples
~~butter~~   ~~ham~~   strawberries
orange juice   tomatoes   cream
~~crisps~~   cake   ~~sweets~~
~~cheese~~   ~~biscuits~~

meuh

Q2 You're planning a picnic for someone special, and you really want to wow them with your choice of food. Write a list in French of five fillings you could put in sandwiches.

Q3 You're in a French café which prides itself on its typical French dishes. Explain what's on the menu for the benefit of your annoying little brother who doesn't understand French.

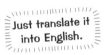
Just translate it into English.

Casse-croûte*	À boire
croque-monsieur **(pain grillé, fromage et jambon)**	citron pressé **(jus de citron frais, eau, sucre)**
croque-madame **(pain grillé, fromage et un œuf)**	thé, café
	jus d'orange
croissants **(avec beurre et confiture)**	**Hors d'œuvres**
	crudités
	escargots

*snacks

Q4 You're playing a food quiz with your friends — match each description with the item of food it's talking about.

a) C'est un légume qui est blanc au milieu avec des feuilles vertes.

b) C'est un fruit de couleur jaune — on en met le jus sur les crêpes.

c) On le met souvent dans le thé ou dans le café.

d) C'est une boisson alcoolique.

e) On mange beaucoup de cet aliment en Italie.

f) Les crevettes et les moules sont ce genre de nourriture.

g) C'est la viande de l'animal qui nous donne aussi la laine.

h) Cet aliment est souvent de couleur jaune avec une odeur forte.

le sucre

l'agneau

le fromage

les fruits de mer

le chou-fleur

le vin rouge

les pâtes

le citron

Mealtimes

Q1 Your friend Sally thinks about food a lot — as you can see from this conversation you've just had with her. Translate it into English.

VOUS: Est-ce que tu as faim?

SALLY: Oui, j'ai faim. Je n'ai pas mangé depuis cinq minutes.

VOUS: Veux-tu venir manger chez moi ce soir?

SALLY: Oui, je veux bien. Qu'est-ce qu'on va manger?

VOUS: Du cheval avec des épinards.

SALLY: En fait je n'ai plus faim.

Hint: Use 'Voudriez-vous...'

Q2 Ask your mum's new boss if he'd like any of the following items:

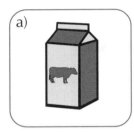
a)

b)

c)

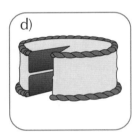
d)

e)

f)

g)

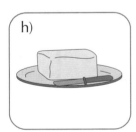
h)

Q3 You're having dinner at a friend's house. Ask if you can have these things using 'Est-ce que je peux avoir...?'

a)   the sugar

b)   a napkin

c)   something to drink

d)   some vegetables

e)   a glass of water

f)   the wine

Q4 Now ask for the same items again, but this time use 'Pourriez-vous me passer...?'

Mealtimes

Q1 You're having a meal in a French restaurant. During the evening, you overhear these phrases. What do they mean?

a) Je ne mange pas de viande, donc je prendrai le saumon, s'il vous plaît.

b) Je ne veux pas de petits-pois. Je ne les mange jamais parce que je les déteste.

c) Est-ce que ça vous a plu?

Q2 Match up these French sentences with the correct English translation.

Pourriez-vous me passer le poivre, s'il vous plaît?

Est-ce que je pourrais avoir une serviette?

Voudrais-tu du bifteck?

J'ai assez mangé, merci.

Je voudrais beaucoup de fromage, s'il vous plaît.

Ça suffit.

Voudriez-vous une grande portion de crêpes?

Would you like a large portion of pancakes?

That's enough.

I'd like a lot of cheese, please.

Could I have a napkin?

Could you pass me the pepper, please?

Would you like some steak?

I've eaten enough, thank you.

Q3 Your grandma thinks it's important to eat as a family. How would you tell her:

a) My sister goes ice skating, so we can't eat together.

b) I eat alone.

c) My mother and father eat together.

d) We eat as a family at the weekend.

Why do English people have two eggs for breakfast, and French people only have one?

Because 'un oeuf' is enough...

Q4 How would you say these things in French?

a) I'd like a small slice of cake, please.

b) I'd like some more cake, please.

c) I would like a lot of vegetables, please.

d) I'd just like a bit of cauliflower, please.

Q5 Put the following sentences into the logical order they would be said at a meal.

a) Non merci, j'ai assez mangé.

b) Qui fait la vaisselle, alors?

c) Voulez-vous une deuxième tranche de porc?

d) Bon appétit.

e) Venez à table!

f) Le repas était très bon.

Daily Routine

Q1 For each picture, write a sentence saying what you do and at what time. The first one has been done for you.

Exemple: Je m'habille à huit heures et demie.

a)  `08:30`   b) `06:30` 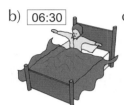   c) `23:00`    d)  `07:00`   e)  `16:00`

Q2 Link these different household tasks with their English meaning.

Je range ma chambre.	I lay the table.
Je fais la vaisselle.	I do the washing up.
Je passe l'aspirateur.	I make my bed.
Je fais mon lit.	I tidy my room.
Je fais les courses.	I walk the dog.
Je mets la table.	I do the laundry.
J'aide à la maison.	I help at home.
Je promène le chien.	I vacuum.
Je fais la lessive.	I do the shopping.

It's best just to learn these set phrases.

For a small dog, Toby was exceptionally gifted when it came to clearing tables.

Q3 Rewrite these sentences so instead of saying you <u>do</u> something, you're saying you <u>have to</u> do something. Here's an example.

Exemple: Je passe l'aspirateur. ➡ Je dois passer l'aspirateur.

a) Je fais mon lit.   c) Je lave mes vêtements.   e) Je prépare le dîner.

b) Je fais la vaisselle.   d) Je range ma chambre.   f) Je mets la table.

Q4 Using the words in the box, fill in the gaps in each of these offers of help.

a) .... je peux vous aider à faire la lessive?

b) .... besoin d'aide?

c) .... m'aider à mettre la table?

d) Est-ce que .... faire la vaisselle?

> peux-tu
> est-ce que
> as-tu   je peux

About Yourself

Q1 Answer the following questions out loud in French.

a) Comment tu t'appelles? Comment ça s'écrit?

b) Quel âge as-tu?

c) Quand est ton anniversaire?

d) Où habites-tu?

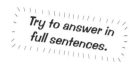
Try to answer in full sentences.

Q2 Match each description to the correct person:

Bernard   Virginie   Zoé

a) Je suis petit et très gros aussi car j'aime bien manger. J'ai les cheveux courts.

b) Je suis grande et mince parce que je fais beaucoup de sport. J'ai les cheveux courts et foncés.

c) Je suis de taille moyenne et je ne suis ni mince ni grosse. J'ai les cheveux clairs et mi-longs.

Q3 Paula and John just love talking about themselves. They're having an online chat about what they look like. Read their conversation and answer the questions below.

PAULA: Comment es-tu?

JOHN: Je suis de taille moyenne avec les yeux bleus. Et toi?

PAULA: Moi, je suis petite. J'ai les yeux marron.

JOHN: Et moi, je suis assez gros car j'aime manger souvent des bonbons.

PAULA: Et tes cheveux sont comment?

JOHN: J'ai les cheveux mi-longs et noirs.

PAULA: Moi aussi j'ai les cheveux mi-longs, mais les miens sont blonds.

JOHN: Ah, ma copine a les cheveux blonds aussi.

a) What colour are John's eyes?

b) Is Paula tall?

c) Why does John say he's fat?

d) What is John's hair like?

e) What do Paula and John's girlfriend have in common?

Your Family

Q1 An easy one to start the page off — write down who all these relatives are, in English.

a) la mère   c) le grand-père   e) la sœur   g) la grand-mère   i) la cousine

b) le cousin   d) la tante   f) le père   h) l'oncle   j) le frère

Q2 Your French penfriend has sent you a really tedious email going on and on about his family. Read it and answer the questions below.

Answers in full sentences, please.

De: DAGUIN Michel
Objet: Ma famille
Date: 21 juillet 2009

Salut,
Dans ton dernier email, tu m'as demandé de te dire un peu plus sur ma famille. Alors... j'ai deux frères et une sœur. Mes frères sont grands, avec les cheveux courts et noirs. Matthieu a les yeux bleus et Henri a les yeux verts. Ma sœur est mince. Elle a les cheveux blonds et les yeux marron, comme ma mère. J'habite avec mes frères, ma sœur, ma mère et mon grand-père. Mes parents sont séparés. Moi, j'avais une copine l'année dernière, mais je suis célibataire en ce moment. Et toi? Ta famille est comment?
Michel

---

a) Combien de frères et de sœurs a-t-il?

b) Combien de personnes vivent chez lui?

c) De quelle couleur sont les yeux de sa sœur?

d) Est-ce que ses parents sont mariés?

e) De quelle couleur sont les cheveux de sa mère?

f) A-t-il une copine?

Q3 Your pets are part of the family too. Match these animals to their names in French.

a)   b)   c)

d)   e)   f)   i)

g)   h)

le chat

l'oiseau

le cochon d'Inde

le lapin

le chien

la souris

le cheval

le poisson rouge

le mouton

Personality

Q1 Read these adverts from a lonely hearts column and answer the questions below.

Salut! Je m'appelle Jeffrey. J'ai dix-huit ans et je suis agréable et généreux. Je cherche quelqu'un qui me ressemble. Écris-moi vite!

Bonjour à toutes les filles aimables! Moi, c'est Robert. Mes amis me disent que je suis travailleur mais aussi drôle et sympa. J'ai toujours une attitude positive...

Coucou! Je suis une fille de dix-sept ans. Je suis toujours amusante sauf quand je suis de mauvaise humeur mais ce n'est pas souvent. Je cherche un garçon sage et vif. Élise xxx

Bonjour! On me dit que je suis magnifique mais ce n'est pas vrai — je suis seulement agréable, gentille et vive. En plus, je suis un peu timide. J'attends vos appels. Sophie.

Je suis un garçon qui veut rencontrer des filles. Le problème, c'est que je suis souvent triste et mon attitude négative peut faire pleurer les gens. Je peux être jaloux aussi. Appelle-moi. Édouard.

Fille bavarde cherche garçon sage! Écrivez-moi si vous êtes honnête et si vous aimez les filles de bonne humeur qui savent faire rire les gens. Alice

a) Do Robert's friends think he's lazy?
b) Who's looking for someone generous?
c) Why do you think Édouard doesn't have a girlfriend?
d) Is Élise always in a good mood?
e) Who doesn't agree with what other people say about their personality?

Il m'aime, il ne m'aime pas, il m'aime...

Q2 Now write a five-sentence description of yourself for a lonely hearts column.

Q3 Using the words provided, write a short description of the personality of each of the people below.

> Hint: you might need to change the endings of some of these words.

Does my face look bavard?

Exemple: Fred / fier / honnête / attitude positive / assez sage
= Fred est fier et honnête. Il a une attitude positive et il est assez sage.

a) Claire / bavard / attitude positive / quelquefois impoli
b) Holly / plein de vie / faire rire / assez amical
c) Richard / méchant / paresseux / toujours mauvaise humeur
d) Simon / gentil / le sens de l'humour / travailleur / peu timide
e) Alesha / attitude négative / souvent égoïste / jaloux / faire pleurer

Relationships, Marriage and Future Plans

Q1   The following qualities are important in a good friendship.
Link the French phrases to their matching English translations.

comme moi

compréhensif / compréhensive

bavard(e)

sympa

amusant(e)

honnête

fidèle

kind

trustworthy

honest

like me

chatty

understanding

funny

Q2   Translate these sentences into French.

a) We are best friends (masc.).

b) I am in love (fem.).

c) We don't understand each other.

d) We argue all the time.

e) I get on well with my sister.

f) We are best friends (fem.).

g) I am in love (masc.).

h) She doesn't listen to me.

i) They (masc.) don't listen to me.

j) I get on well with my friend (fem.).

Q3   Your friend Marie sent you a letter, but it accidentally got torn up. Match up the beginning
and end of each sentence and then translate them to find out all about her love life.

a) Il y a deux ans j'ai rencontré Antoine...	...et nous sommes tombés amoureux.
b) Il m'a demandé en mariage en Italie et...	...je ne suis pas encore prête à y penser.
c) Cependant, je n'ai pas l'intention de...	...on s'est fiancé.
d) On n'habite pas ensemble parce qu'il...	...me marier tout de suite.
e) Un jour j'aimerais fonder une famille mais...	...coûte trop cher de louer une maison.

Social Issues and Equality

Q1   Read this newspaper article and answer the questions below in English.

Chômage: Plus de 5000 touchés dans la région

Hier après-midi les magasins dans la ville d'Azay-en-Montagne étaient vides. Dans cette ville de 10 000 habitants, 320 ne travaillent pas depuis trois mois. Dans la région entière, 10% de familles ont été frappées par le chômage et la situation risque de devenir encore pire — de nombreuses familles pourraient perdre leur logement.

Dès que ces problèmes ont commencé le centre-ville a énormement changé. Les gens n'ont plus d'argent à dépenser donc il y a beaucoup de magasins fermés et on voit beaucoup plus de vandalisme qu'avant. Il y a des conséquences pour la santé aussi — des dizaines de personnes sont déprimées, selon les médecins.

Certains ont peur des effets de la perte d'emplois sur la population jeune d'Azay. Jean-Paul Martin, patron du café «La Terrasse» nous a dit «La plupart des jeunes travaillaient dans la construction, qui est le secteur le plus touché par le chômage. Maintenant, ils ne savent plus quoi faire pendant la journée et ils ont tendance à mal se comporter.»

a)   What is the problem in Azay-en-Montagne?

b)   What two things have happened in the town centre as a result?

c)   Is the situation getting better, or worse?

d)   What might people lose if the situation does get worse?

e)   What is the health problem that the article mentions?

f)   Who is Jean-Paul Martin concerned about?

g)   Which industry has been particularly badly hit?

h)   Jean-Paul says, "ils ont tendance à mal se comporter". What does this mean?

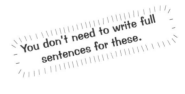

Parts of the Body

Q1 Write down the French words for the parts of the body that are marked.

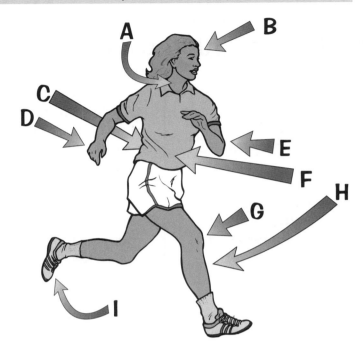

Q2 In these pictures, imagine that the bits with a cross on are hurting.
Match the French 'ouch, it hurts' phrase to the right picture.

Mon doigt me fait mal.	**J'ai mal à la gorge.**	**Mes mains me font mal.**
J'ai mal à la tête.	**Mon dos me fait mal.**	**J'ai mal à l'estomac.**

Q3 Translate these into French, and you'll have this topic sorted.

Just knowing 'j'ai mal à...' and '... me fait mal' will really help.

a) I'm ill.

b) I'm hot.

c) I need to go to the doctor's.

d) I'm tired.

e) I'm thirsty.

f) I need to go to the chemist.

g) I have a temperature.

h) My stomach hurts.

i) I've got a headache.

j) My legs are hurting.

k) I've got a cold.

l) I have flu.

Health and Health Issues

Q1 Read what these French people have to say about health,
then answer the questions underneath.

Théo

Rester en forme? Pour moi c'est assez important. Je bois de temps en temps quand je sors avec mes amis, mais je ne prendrais jamais de drogue. J'essaie de bien manger — je suis végétarien et je mange rarement des trucs sucrés.

André

Les cigarettes sont dégoûtantes — elles jaunissent les dents. En plus, ma copine n'aime pas quand je fume. Je suis très actif car faire du sport m'aide à me sentir en meilleure santé.

Enzo

J'ai tout arrêté il y a trois ans — les cigarettes, l'alcool et la drogue. J'avais des problèmes de santé à cause de toutes ces choses mais je vais beaucoup mieux depuis que je mange des légumes. C'est comme ça que je suis parfait aujourd'hui.

Marthe

Non, je ne fais jamais d'exercice — tout simplement, je n'ai pas le temps. Je préfère fumer pour rester mince, même si mes cheveux et ma peau commencent à en souffrir. Mon image m'importe beaucoup.

a) Which of these four people think it's important to stay healthy?

b) Give two negative things that André says about smoking.

c) When does Théo drink alcohol?

d) Why did Enzo stop taking drugs?

e) Has Marthe noticed smoking having any effects on her body?

f) Why does André enjoy exercising?

g) How does Théo try to eat healthily?

No need for full sentences here.

Q2 Write a short paragraph giving your opinion on each of the following health-related issues:

a) Alcohol

b) Healthy eating

c) Drugs

d) Exercise

e) Smoking

I only smoke in winter...

Write at least 3 sentences for each.

Sports

Q1　Your penfriend has sent you some adverts for sports centres she thought you might be interested in when you go to visit her. Use them to answer the questions below in English.

CENTRE SPORTIF LYON

Heures d'ouverture

lundi : de 8h00 à 20h00
mardi : de 8h00 à 20h00
mercredi : de 8h00 à 14h00
jeudi : de 8h00 à 20h00
vendredi : de 8h00 à 20h00
samedi : de 8h00 à 22h00
dimanche : de 10h00 à 16h00

natation : gymnase : badminton :
tennis de table : basket (club) :
volley-ball (club)

Read the information really carefully so you don't slip up.

Piscine de Lyon

adultes € 3
enfants € 2

Heures d'ouverture

du lundi au vendredi :
de 7h00 à 13h00 et de 14h30 à 21h00

samedi et dimanche :
de 7h00 à 19h00 sans interruption

réservée aux dames
mardi et mercredi : de 16h00 à 18h00

Gymnase　　du lundi au vendredi :
　　　　　　de 11h00 à 13h00 et de 14h30 à 19h00
　　　　　　samedi et dimanche :
　　　　　　de 11h00 à 18h00 sans interruption

Aérobic en　lundi et jeudi
piscine　　　14h30 à 15h30 (avancé)
　　　　　　dimanche 10h00 à 11h30 (novice)

rafraîchissements

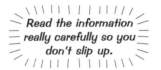

Sports à l'école St. Christophe

**volley-ball
basket
tennis de table
badminton**

du lundi au vendredi :
de 18h00 à 22h00
samedi et dimanche :
de 10h30 à 15h00

€1,50/€1 moins de 15 ans

a)　You want to go swimming at 3pm on Wednesday afternoon. Where can you go?

b)　Where can you play table tennis at 10am on a Saturday?

c)　What kind of aerobics can you do, and where?

d)　You'd like to go to an aqua aerobics class on Thursday. Is this possible and if so, at what time?

e)　Is any extra information given about the Thursday aerobics class?

f)　Where can you go to the gym?

g)　Can you go to the gym between 9 and 11am on a Thursday, and if so where?

h)　At which of the sports centres could you buy something to eat or drink?

i)　Can you play tennis at St. Christophe's school?

j)　Which adverts give information on prices? Do they offer reductions and if so for whom?

k)　Can anybody go swimming in 'La Piscine de Lyon' on Tuesday between 4pm and 6pm? If not, then who can go?

l)　Where would you contact if you were interested in joining a basketball team?

m)　Is there anywhere you could play squash? And if so, where?

Q2　Write about 100 words in French about the sports you play.

Say <u>where</u> you play your sports, <u>how often</u> you play them, and <u>who</u> you play them with. Say why you like the sports you play — if you're not sporty you can make something up.

Sports and Hobbies

Q1 Write down the French names of all these instruments.

 (A)
 (B)
 (C)
 (D)
 (E)

Q2 Fill in the gaps in this passage by choosing the right words from the box below.

a) Célia adore le sport. Elle a un nouveau vélo et elle fait souvent du ....

b) Quand il pleut, Célia joue au squash ou au .... avec son amie Ghislaine.

c) Thibaud, le frère de Célia, ... le sport. Il dit que l'exercice n'est pas bon pour ....

d) Thibaud préfère aller au .... Il aime regarder les ....

e) Thibaud sait aussi jouer de la ....

f) Quand Thibaud ne veut pas aller au cinéma ou faire de la musique, il ....

cyclisme   cinéma   la santé   guitare   lit   déteste   tennis de table   films policiers

Q3 Answer these questions giving your own (genuine) opinion and a reason for it.

a) Qu'est-ce que tu penses du football?

b) Qu'est-ce que tu penses de la musique rock?

c) Qu'est-ce que tu penses des discos?

d) Qu'est-ce que tu penses du cinéma?

e) Qu'est-ce que tu penses des jeux d'ordinateur?

Q4 So you're amazing at music and you're fab at sport, but do you know when to use 'de' and when to use 'à'? Fill in the gaps in these sentences with the right form of the right word.

a) Je joue .... football.

b) Il joue .... violoncelle.

c) Elles jouent .... tennis.

d) Nous jouons .... badminton.

e) On joue .... clarinette.

f) Je joue .... squash.

g) Vous jouez .... flûte.

h) Tu joues .... batterie.

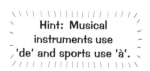

Hint: Musical instruments use 'de' and sports use 'à'.

Sports and Hobbies

Q1 Read these interviews with four French kids about what sports they play. Answer the questions below in English.

Read them all carefully before you start the questions.

Françoise: Est-ce que tu fais du sport?
Chantelle: Oui, je joue au football le week-end.
Françoise: Tu joues avec qui?
Chantelle: Je joue avec beaucoup de mes amis.
Françoise: Tu aimes jouer au football?
Chantelle: Mais oui, c'est très amusant de jouer au football.

Françoise: Est-ce que tu fais du sport?
Xavier: Oui, je joue au squash le mardi.
Françoise: Tu joues au squash où et avec qui?
Xavier: Je joue dans le centre sportif à l'école. Je joue avec mon ami Stéphane. Nous sommes membres d'un club de squash.

Françoise: Est-ce que tu fais du sport?
Jacques: Oui, je joue au hockey tous les week-ends depuis trois ans.
Françoise: Qu'est-ce que tu penses du hockey?
Jacques: J'aime le hockey, parce que c'est un sport passionnant et je joue avec une bonne équipe.

Françoise: Est-ce que tu fais du sport?
Sophie: Oui, je vais nager le mercredi et le samedi.
Françoise: Tu vas nager avec qui?
Sophie: Le mercredi je nage avec un club de natation et le samedi je nage avec ma famille.

a) Who likes swimming?

b) When do they swim?

c) Who thinks the sport they play is exciting and what is that sport?

d) Who does their sport at the weekend?

e) Who does Chantelle play football with?

f) Who does their sport with their family? Who else do they do it with?

g) What does Chantelle think of football?

h) What sport does Xavier play and who with?

i) Where does he play it?

Q2 Look at the information about these people. Write a short passage in French for each explaining what activities they like and why.

Look up any words you don't know — and learn 'em too.

Inès
Likes fishing — it's fun.
Likes swimming — loves water.
Dislikes cooking — takes too long.

Xavier
Likes skiing — it's exciting.
Dislikes hockey — it's dangerous.
Dislikes chess — it's too hard.

Chantelle
Likes singing — it's great.
Dislikes reading — it's boring.
Likes football — loves running around.

Stéphane
Likes stamp collecting — it's interesting.
Likes playing guitar — loves music.
Dislikes dancing — he feels silly.

Favourite Entertainments

Q1   Here's what some French people said about their favourite entertainments.

Moi, je suis devant la télé tous les soirs — il n'y a presque rien que je n'aime pas regarder, sauf les matchs de sport. Mon feuilleton préféré est Brooklyn Bay parce que les personnages sont géniaux.

Ce que j'aime regarder? Une émission qui s'appelle 'Hélène et les garçons' — je la regarde chaque dimanche. Elle commence à 16h et finit à 17h30.

Henri

Chantelle

La télévision ne m'intéresse pas beaucoup. Je m'intéresse plutôt aux livres. Il y a quinze jours, j'ai fini une histoire d'horreur de mon auteur préféré. Ceci dit, je regarde de temps en temps les actualités.

Jean-Paul

a)   What doesn't Chantelle like watching on TV?

b)   What does Henri like watching? When is it on?

c)   Jean-Paul has just finished a book. Has he read anything else by the same author?

d)   Why does Chantelle like 'Brooklyn Bay?' What kind of programme is it?

e)   Is Chantelle fussy about what she'll watch on TV?

f)   Does Jean-Paul ever watch television?

g)   What kind of book has Jean-Paul just finished reading?

Q2   Answer these questions with sentences about your likes and dislikes. Use the passages above and the words in the box for ideas.

Write a sentence for each question.

a)   Qu'est-ce que tu aimes regarder à la télévision?

b)   Est-ce que tu as un film préféré?

c)   Qu'est-ce que tu penses de la publicité?

J'aime
Je préfère
Je m'intéresse à
Je trouve...

Q3   Answer each of these questions by saying something that you did (or if your memory's like a sieve, just make it up).

a)   Qu'est-ce que tu as fait récemment?

b)   Qu'est-ce que tu as fait il y a trois semaines?

c)   Qu'est-ce que tu as fait le mois dernier?

d)   Qu'est-ce que tu as vu à la télé récemment?

e.g. Je suis allé(e) au cinéma la semaine dernière.

Remember, if you use a perfect tense verb with 'je suis...', you need an extra 'e' if you're female.

Talking About the Plot

Q1   Here's tonight's unmissable TV schedule. Read it, then answer the questions below.

	FR2	ARTE	RTL	TV5
19:00	**Les ours dans la fôret** Documentaire impressionnant sur ces beaux animaux qu'on trouve au Canada. À ne pas rater.	**Vivre en temps de guerre** Documentaire sur la France entre 1939 et 1945. Pourrait être instructif s'il n'était pas si ennuyeux.	**Notre vie à Paris** Aujourd'hui dans ce feuilleton bien aimé, Jennifer et Danny se disputent à cause de leur chien.	**Les actualités** Sommaire des événements du jour en France et partout dans le monde. Avec Aurélie Degagne.
20:00	**Les pompiers célibataires** Émission où dix beaux hommes cherchent l'amour.	**Toutes mes filles** Cette pièce de théâtre a été très bien refaite pour la télévision et nous offre deux heures de pur plaisir. En plus, on peut y voir de grandes vedettes.	**Les tremblements de terre** Une émission intéressante sur les pays qui se trouvent souvent frappés par ces désastres.	**La souris contente** Oui, c'est une bande dessinée, mais cette histoire légère et jolie fera plaisir aux adultes aussi bien qu'aux enfants.
21:00	**Le pistolet en or** Film. Plein d'acteurs connus jouent dans ce film d'action qui est sorti en 2006. Pas mal.		**Que faire de mon chien?** Animal de compagnie qui ne vous obéit pas? Regarder cette émission pour apprendre les façons les plus modernes de le discipliner.	**Votre maison est-elle propre?** Nouvelle série qui vient d'arriver des États-Unis. Horrible mais difficile à éteindre.
22:00		**Top chef** Émission de cuisine avec les cuisiniers célèbres du restaurant Les Deux Arbres. Ce soir ils préparent un rôti de bœuf.	**Morts à New York** Steve Radisson est le héros dans ce film d'horreur qui ferait plaisir à ceux qui aiment les zombies et les fantômes.	**La cave des princesses** Un groupe d'amies essayent de vivre sans maquillage et vêtements propres pendant un mois. Laetitia partira-t-elle ce soir? Amusant.

a)   Maurice was watching TV5 between 7pm and 8pm. What did he watch?

b)   Katy loves food. Which programme should she watch?

c)   Miranda hates television and barely ever watches it — she prefers going to the theatre. However, there's something on ARTE tonight that she might enjoy. What is it?

d)   What does the paper think about the film that's on FR2 at 9pm?

e)   It's 10pm and Baptiste has just finished watching a programme on TV5. What was it?

Answer these questions in English.

f)   One programme is about a man who fights with lots of dead people — what's it called?

g)   What are the names of two characters in the soap on RTL?

h)   What do the stars of 'La cave des princesses' have to do?

i)   Laquelle de ces émissions préféreriez-vous regarder? Pourquoi?

j)   Quelle est la dernière chose que vous avez regardée à la télévision? Qu'est-ce que vous en avez pensé?

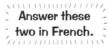
Answer these two in French.

Music

Q1 Your French penfriend wants to know all about English music.
Help him out by translating the following sentences into French.

a) I listen to music on my mobile while I'm on the bus. My favourite type of music is dance.

b) I like all the songs you hear on the radio, especially songs by Justin Woodriver.

c) I like pop music and I love musicals but I don't like jazz or classical music.

d) I listen to music on my hi-fi at home. I prefer rock music.

e) I often like the songs they play in my favourite restaurant — they're really interesting.

f) I find Mozart's music amazing — my favourite type of music is classical.

Q2 Imagine that all the CDs below are in your music collection.
Say what type of music each one is and give your opinion of it.

Exemple: Les Mega Munchers font de la musique rock. Je trouve leurs chansons très bonnes.

Q3 You're reading a magazine in France when you spot these adverts for band members. Read them, then answer the questions below.

Nous cherchons quelqu'un pour jouer du clavier dans notre groupe rock. On s'entraîne tous les week-ends et on fait de petits concerts au centre commercial de temps en temps.

J'essaie de réunir un petit groupe de jeunes qui veulent faire de la musique classique chaque mardi. Venez me réjoindre! (Votre niveau de compétence n'a pas d'importance.)

Bonjour! Je fais partie d'un groupe et notre batteur vient de nous quitter. Si vous croyez que vous pourriez le remplacer, venez nous voir ce vendredi. Vous devez jouer de la batterie depuis au moins cinq ans.

a) Imagine you play the clarinet. Which advert should you reply to?

b) You've been playing the drums for a year. Can you audition to replace the missing drummer?

c) What instrument do you need to play in order to join the rock group?

d) One of the groups occasionally plays concerts. Where do these take place?

e) What type of music can you play on a Tuesday?

Famous People

Q1   You're reading an interview with a celebrity, but all the questions and answers have been muddled up. Match up the questions and answers correctly.

Q1 Bonjour Zac. Merci d'être venu aujourd'hui. Dites-moi, êtes-vous très occupé en ce moment?

A Je vais donner mon soutien à des organisations internationales — je pense que c'est important.

Q2 J'aime bien vos films. Lequel est votre préféré?

B Beaucoup de gens et surtout ma famille. Mon père, par exemple, a toujours été une inspiration.

Q3 C'est un bon choix. Qui vous a influencé quand vous étiez jeune?

C Oui, actuellement je suis en train de faire plusieurs films et en plus j'ai beaucoup voyagé récemment.

Q4 C'est vrai que la famille est importante. Vous avez l'intention de vous marier un jour?

D Je les ai tous aimés, mais je crois que 'Ghost Lovers' est mon préféré.

Q5 Quel rêve! Et finalement, que ferez-vous l'année prochaine?

E Bien sûr. Je rêve d'avoir une jolie femme, une maison et plusieurs chiens.

Q2   You seem to have found a celebrity's diary on the bus. Before selling it to the highest bidder, fill in the missing words from the box below.

<u>le 25 février 2009</u>

9h   Rencontre à la banque pour décider quoi faire avec tout mon ....

10h   Gymnase — faire du .... pendant une heure.

11h   .... mon chien, LooLoo, au parc.

12h   Déjeuner avec des .... dans mon .... chinois préféré.

13h   Lire le scénario pour mon prochain .... — Le Chien mystique.

14h   Faire des .... — besoin d'une chemise pour la .... demain.

15h   Téléphoner à .... pour voir si elle a aimé sa .... neuve.

argent	maman	première	sport	courses
promener	amis	restaurant	film	voiture

New Technology

Q1 Tick the correct box to say whether each of these statements suggests technology is important or unimportant.

Important | Not important

a) Je ne pourrais pas vivre sans mon portable.

b) Je suis rarement devant mon ordinateur.

c) Je passe des heures à écouter mon lecteur MP3.

d) Les blogs, ça me passionne.

e) J'achète les nouvelles technologies tout de suite.

f) Je préfère être dehors que devant l'écran.

Q2 Here are some sentences about newfangled technology. Translate them into good old-fashioned English, please...

a) Je voulais amener mon caméscope en vacances mais je n'ai pas pu trouver la pile.

b) Sur la page d'accueil de mon site web préféré on trouve le temps, l'horaire et les actualités.

c) J'ai créé un réseau avec mes amis pour qu'on puisse partager nos photos.

d) Mon ordinateur est très lent — il prend des heures à télécharger les films.

e) Il voulait vérifier sa commande sur internet, mais le lien était cassé.

f) Sophie a depensé toutes ses économies sur un appareil photo, mais elle l'utilise tous les jours.

Q3 Now translate this lot into French.

monitor = un moniteur   download = télécharger
blogger = un bloggeur   games console = une console de jeu

a) My mum hates computers.

b) David doesn't have the internet at home — he goes to an internet café.

c) At the weekend, I often play on my games console.

d) I need a computer with a bigger monitor.

e) My favourite blogger is called Chickadee Harris.

f) Bob often downloads music.

Q4 You've just been skiing. Write a piece in French about it for your blog, so your French friends can find out what you've been up to. You could include the following things:

➡ Where you went
➡ Who you went with
➡ Whether you enjoyed it and why
➡ What the weather was like

Try to write about 100 words

30

Email and Texting

Q1 A nice easy one to start with. Match up the French words to their English equivalents.

a) la boîte email
b) copier à
c) répondre à tous
d) objet
e) transférer
f) le courrier électronique

subject
forward
email
inbox
reply to all
copy (cc.)

Q2 With nothing better to do, the British secret service has bugged your French friends' mobiles. Betray your friends and answer the questions below in English.

15:04
Salut Michel. Je suis encore dans le train — je crois que je vais être en retard. Désolé — je t'appellerai quand je suis là. Jean-Paul

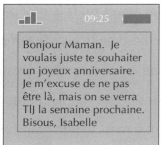
09:25
Bonjour Maman. Je voulais juste te souhaiter un joyeux anniversaire. Je m'excuse de ne pas être là, mais on se verra TIJ la semaine prochaine. Bisous, Isabelle

10:40
Salut Alain. Merci d'avoir offert d'aller me chercher de la salade mais je n'en ai plus besoin. On t'attend vers 20h ce soir — apporte le vin STP. Camille

TIJ = tous les jours
TLM = tout le monde
OQP = occupé(e)(s)
Je t'M = je t'aime
STP = s'il te plaît

18:52
Salut Sarah. Merci de m'avoir invitée à ta fête ce soir. J'aurais beaucoup aimé venir mais je ne suis pas là ce week-end. Dis bonjour à TLM. Bisous, Laura

21:15
Bonjour Papa. J'espère que tu as passé une bonne semaine. Je viendrai te voir ce week-end si je ne suis pas trop OQP. Bisous, Jennifer

13:35
Salut mon chéri. J'ai passé un super week-end avec toi et je suis triste maintenant que tu es parti. N'oublie pas que je t'M. Bisous et à bientôt, Gina

20:20
On va tous au pub pour regarder le foot — envoie-moi un msg quand tu seras libre et on pourra peut-être se rejoindre. Bonne chance aujourd'hui. Matthieu

a) Who's been invited to a party? Can they go?
b) Why might Jennifer not see her dad this weekend?
c) Why does Matthieu want his friend to contact him?
d) When will Jean-Paul call Michel?
e) What does Alain need to bring?
f) Why is Gina sad?

Q3 Some people were asked what they thought of email. Translate the English half of their opinions into French.

a) Les gens écrivent mal dans les emails — it's better to send letters.
b) Le email est génial — it's much faster than a letter.
c) I hate speaking on the phone — je préfère envoyer des emails.

Shopping

Q1   For each of these items, write a sentence in French saying which of the shops in the box below you would buy it from. The first one's been done as an example.

e.g.   a) *On achète les crevettes à la poissonnerie.*

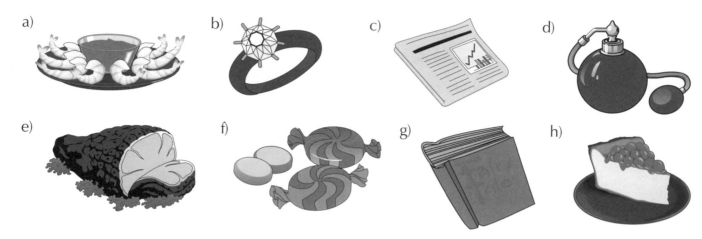

a) b) c) d)

e) f) g) h)

| la bijouterie | la librairie | la pâtisserie | la parfumerie |
| la charcuterie | la confiserie | la poissonnerie | le kiosque à journaux |

Q2   Write a sentence in French naming three items that you could buy in each of the following shops.

a) hypermarket   e) delicatessen

b) butcher's   f) supermarket

c) bakery   g) department store

d) newsagent   h) grocer's

E.g. à la pâtisserie on peut acheter des gâteaux, des tartes et des biscuits.

Q3   Face it, we all love to shop. Translate the following opinions on shopping into French.

a) I do all my shopping online. It's quicker than going to the shops.

b) I prefer to go to the shopping centre. I can meet my friends there and have a coffee.

c) It's cheaper to buy things on the internet, especially music and books.

d) I don't like internet shopping. I prefer to try clothes on before I buy them.

e) I like to go into town when the sales are on.

f) It's easier to get a discount on the internet.

on the internet/online = sur internet
sales = les soldes
discount = un rabais

Shopping

Q1 Here are some things you might hear in French shops. Match the French with the right English translation.

"J'en voudrais deux, s'il vous plaît."

"Celui-ci ou celui-là?"

"Je le prends."

"Ça coûte combien?"

"Des grandes ou des petites?"

"Autre chose?"

"C'est tout?"

"Ça coûte quinze euros cinquante."

Anything else?

I'll take it.

I'd like two of them, please.

That costs 15 euros 50.

This one or that one?

How much is it?

Big ones or small ones?

Will that be all?

Q2 It's 2002, and you're going shopping to the baker's and the grocer's. Fill in your parts of the conversations below.

a) **Baker's**

LE BOULANGER:	Bonjour. Qu'est-ce que vous désirez?
VOUS:	I'd like two baguettes and six rolls please.
LE BOULANGER:	Très bien. Autre chose?
VOUS:	Yes, how much are the cakes?
LE BOULANGER:	Les petits gâteaux coûtent un euro cinquante.
VOUS:	I'd like one please.
LE BOULANGER:	C'est tout?
VOUS:	Yes, that's all, thanks.
LE BOULANGER:	Alors, ça fait cinq euros cinquante.
VOUS:	There you go. Goodbye.

b) **Grocer's**

VOUS:	Excuse me madam, do you have any sugar?
L'ÉPICIÈRE:	Bien sûr. Combien en voulez-vous?
VOUS:	500 g please. Do you have any tea?
L'ÉPICIÈRE:	Oui. Du thé anglais ou du thé au citron?
VOUS:	How much is the lemon tea?
L'ÉPICIÈRE:	Ce paquet coûte deux euros.
VOUS:	I'll take it.

Q3 Time to play teacher. There are three mistakes in each sentence below for you to correct.

a) J'adore ce pull. Je la prends. Est-ce que je peux paie avec un carte de crédit?

b) Je reçois vingt-cinq euro par mois. Je dépense toute mon argent sur de CD.

c) Ce pantalon sont très chers. Prenez-vous les cartes bancaire?

d) Sa fait quatre-vingts-dix euros, sil vous plaît.

Shopping for Clothes

Q1   Write out these sentences, putting the right ending on the colour. Then translate each one into English.

Watch out — when you add 'foncé' (dark) or 'clair' (light) to a colour, the ending <u>doesn't</u> change.

e.g. Je porte une chemise blanche = I'm wearing a white shirt.

a)   Je porte des chaussures   (noir)

b)   Laurent porte un imperméable   (rouge)

c)   Sylvie aime les jupes   (blanc)

d)   En hiver, je porte des gants   (marron)

e)   Ma cravate est   (vert)

f)   Mon frère a une veste   (blanc)

g)   Mon père a un manteau   (gris)

h)   J'ai une chemise   (bleu foncé)

Q2   Write down the French name and colour of each of these garments.

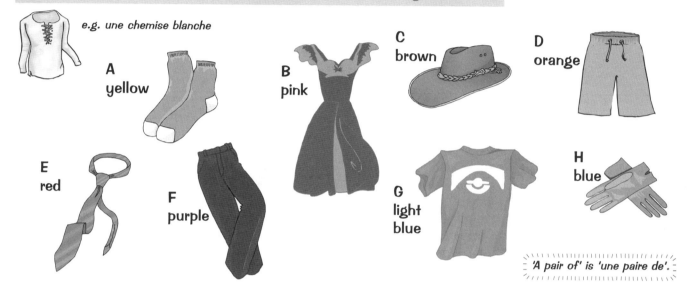

e.g. une chemise blanche

A yellow

B pink

C brown

D orange

E red

F purple

G light blue

H blue

'A pair of' is 'une paire de'.

Q3   Imagine you're buying a new outfit. (If you have trouble imagining, try 'making believe'.) How would you say the following in French:

Hot stuff...

a)   A pair of small pink pyjamas

b)   A purple leather jacket, size 44

c)   A large blue hoody

d)   A pair of white, size 40 trainers

e)   A size 44 black denim jacket

f)   A size 40 orange wool jumper

g)   A pair of size 39 brown shoes

h)   A size 38 green cotton skirt

i)   A refund

j)   A receipt

Q4   Right, now you have to decide what you're actually going to buy. Say to the shop assistant:

a)   You'll take it, thanks (the skirt).

b)   You won't take them (the trousers) — they're too small.

c)   You'll leave the sandals because they're a bit old-fashioned.

d)   You'd like a pink jumper, too — does she have one?

e)   You'll take the shorts because everyone's wearing them this summer.

f)   You'll leave it (the hat) — you don't like the colour — does she have any others?

Your shoes are a bit old-fashioned.

Inviting People Out or Staying In

Q1 Your French friend is suggesting things to do. Answer each of these questions using the info in the brackets.

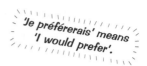
'Je préférerais' means 'I would prefer'.

e.g. *'Allons à la piscine.'* ➡ *'Non, merci. Je préférerais jouer au football.'*

a) Allons au parc. (no, fishing)

b) Allons au théâtre. (no, cinema)

c) Jouons au tennis. (yes)

d) Regardons la télévision. (no, hi-fi)

e) Allons au cinéma. (no, chess)

f) Allons au concert. (no, squash)

g) Allons au concert. (yes)

h) Allons nager. (no, walk)

Q2 You're having a discussion with a couple of French friends on what to do. Fill in your bits in full French sentences.

JOSIANE:	**Salut, ça va? Allons à la piscine.**
VOUS:	Yes, perhaps. OK with you, Gaston?
GASTON:	**Je regrette, je ne peux pas. Je suis allergique au chlore.**
VOUS:	Let's play tennis!
GASTON:	**Oui, je veux bien. Et toi, Josiane?**
JOSIANE:	**Ce n'est pas une bonne idée parce que nous sommes trois.**
VOUS:	Let's stay in and watch TV!
JOSIANE:	**Super! Et mon chien Dodo peut regarder la télé aussi. Il est très mignon.**
GASTON:	**Mais non. Ce n'est pas possible! Je suis allergique aux chiens aussi.**
VOUS:	Perhaps we could go to the park without Dodo and play football?
JOSIANE:	**OK. Mais je préférerais jouer au frisbee.**
VOUS:	Fantastic. I love playing frisbee.
GASTON:	**Bon, moi aussi. Où est-ce qu'on se retrouve et à quelle heure?**
VOUS:	We'll meet at the park at 4pm.

Q3 You've been invited to a party for Pascal. Although you can't stand him, you quite fancy one of his friends, so you may as well go. Work out what it says, then answer the questions in English.

INVITATION

Tu es invité(e) à une surprise-partie pour fêter l'anniversaire de Pascal. Elle aura lieu le 29 juin à 18h chez Martine. On va manger de la nourriture mexicaine, boire des jus de fruits exotiques et danser. Tu dois porter quelque chose qui vient d'Amérique du Sud. Envoie-moi un texto si tu veux venir. Sandrine
P.S. Ne dis rien à Pascal — il croit qu'il va dîner chez sa grand-mère!

a) What kind of party is it?

b) What is being celebrated?

c) Where is the party taking place?

d) What will happen at the party?

e) What do you need to wear?

f) What should you do if you want to go?

g) What mustn't you do?

h) What does Pascal think is happening?

Going Out

Q1   You're having a weekend away with some friends and you want to visit the following places. Ask a pedestrian if they're nearby, using the phrase "Est-ce qu'il y a ... près d'ici?" The first one's been done for you as an example.

e.g. Est-ce qu'il y a une piscine près d'ici?

a)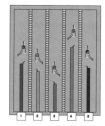
b)
c)
d)

Q2   Look at this advert and answer the questions in full French sentences.

a)   Combien coûte un billet?

b)   Combien coûtent deux billets à prix réduit?

c)   Est-ce qu'on peut regarder 'La Haine' le samedi?

d)   À quelle heure commence 'La Graine et le mulet', le dimanche?

e)   Est-ce qu'on peut aller au cinéma tous les jours?

CINÉMA ROXY
lundi, mardi et **vendredi**
La Haine : 19h00; 22h30
samedi
La Graine et le mulet : 12h00
Bienvenue chez les Ch'tis :
14h00; 18h00; 21h00
dimanche :
La Graine et le mulet :
12h00; 14h30
Bienvenue chez les Ch'tis :
18h00; 21h00
La Haine : 22h30

BILLET : €8 / €5

Q3   You're going out to the cinema tonight. You really want to impress your date so you need to find out all the necessary information to prevent you looking like an idiot. Translate the following questions into French.

•   **What films are showing?**

   •   **What time does the film start?**

      •   **How much does a ticket cost?**

         •   **How long is the film?**

            •   **Can you buy popcorn and ice creams?**

Q4   You are off out to the swimming pool with your exchange partner. Translate the following questions into French.

•   **How much does entrance cost?**

•   **Are there any concessions?**

•   **When does the swimming pool close?**

•   **Can you buy refreshments at the swimming pool?**

•   **When does the swimming pool open?**

•   **Can you buy swimming goggles* at the swimming pool?**

* *lunettes de natation*

SECTION THREE — LEISURE

Going Out

Q1 These people have all been to the cinema recently. Read what they thought of the films, then answer the questions below.

Le cinéma ne m'intéresse pas beaucoup — je préfère les boîtes de nuit. Mes films préférés sont les westerns, mais on ne voit plus souvent ce genre de film. En plus, la dernière fois que je suis allé au ciné, je me suis assis trop près de l'écran et ça m'a donné mal à la tête.

Le dernier film que je suis allée voir était un film d'horreur qui s'appelait 'Le Dernier Bus.' Est-ce que je l'ai aimé? Bof, ce n'était pas mal, mais j'ai vu des centaines de films d'horreur et celui-ci était loin d'être mon préféré. Par contre, j'ai trouvé que l'acteur qui jouait le rôle principal était très beau.

Sam

Marie-Thérèse

Moi, je suis allée au cinéma trois fois la semaine dernière — c'est une de mes sorties préférées. Habituellement, j'aime les films étrangers et les documentaires. Le seul problème? On est souvent loin de l'écran, donc on a du mal à voir ce qui se passe.

Norm

Le ciné? Oui, je l'aime bien — la plupart du temps je choisis les films d'amour, même s'ils me font pleurer. Je me sens content lorsque tout le monde est heureux à la fin.

Elena

a)   Has Elena been to the cinema recently?

b)   Did Marie-Thérèse like 'Le Dernier Bus'?

c)   Why isn't Sam interested in cinema?

d)   Who likes romantic films? Why?

e)   What problem has Elena had at the cinema?

f)   What happened the last time that Sam went to see a film?

Q2 One of your French friends is really into football and has sent you this email telling you all about the last match she saw. Translate it into English.

Salut!
Samedi, je suis allée voir Paris Saint-Germain contre Stade Rennais — c'était super bien! Tu ne devineras jamais qui a gagné! La première mi-temps, Paris a marqué deux buts*, mais après quatre-vingts minutes les deux équipes avaient marqué deux buts toutes les deux. Puis mon joueur préféré a fait un corner mais malheureusement il l'a raté. Finalement, il y a eu une épreuve de tirs au but** — je m'inquiétais tellement pour Paris mais j'ai eu de la chance et ils ont gagné le match! Et toi, tu as vu un match récemment?
Simone

*un but = a goal   **une épreuve de tirs au but = a penalty shootout

Countries

Q1 Write the English names out, then match them up with the French names in the box.

a) Italy   e) the Netherlands   i) Wales   m) Northern Ireland
b) Austria   f) Spain   j) Germany   n) America
c) Africa   g) England   k) the United States   o) France
d) Scotland   h) Europe   l) Belgium   p) Great Britain

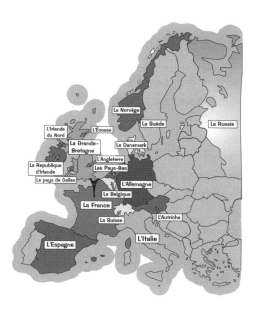

l'Italie	l'Angleterre
l'Irlande du Nord	l'Allemagne
l'Autriche	l'Afrique
l'Europe	la France
la Grande-Bretagne	l'Espagne
l'Écosse	le pays de Galles
l'Amérique	la Belgique
les Pays-Bas	les États-Unis

Q2 What would you say if you were from these countries?
Write it out in **both** the ways shown below.

Remember — no capital at the start of 'italien'.

e.g. Italy ➡ *Je viens d'Italie. Je suis italien/Je suis italienne.*

a) Ireland   f) England
b) the Netherlands   g) Germany
c) Scotland   h) Wales
d) Austria   i) Spain
e) United States   j) France

Q3 Answer these questions in French.

a) Quelle est votre nationalité?
b) D'où venez-vous?
c) Quelle langue parlez-vous?

Trains

Q1 Match up these useful French train words to the correct English translations.

l'arrivée   un aller simple   le départ   partir   deuxième classe

le quai   changer   le chemin de fer   un aller-retour

departure, arrival, railway, change trains, single ticket, leave, second class, return ticket, platform

Q2 Look at this conversation at a ticket office and answer the questions in English.

Madge:	Est-ce qu'il y a un train pour Paris ce soir, s'il vous plaît?
Boris:	Oui, Mademoiselle. Il y a deux trains pour Paris ce soir. À quelle heure voulez-vous partir?
Madge:	Je voudrais partir à huit heures.
Boris:	Ah, il y a un train à huit heures et demie.
Madge:	Excellent! Un aller-retour pour Paris, s'il vous plaît.
Boris:	Oui, Mademoiselle. En quelle classe?
Madge:	Deuxième classe, s'il vous plaît.
Boris:	Voilà. Le train part du quai numéro cinq.
Madge:	Merci beaucoup.

a)   How many trains are there for Paris?

b)   What time does Madge want to leave?

c)   What time does Boris say there is a train?

d)   What kind of ticket does Madge ask for?

e)   What class of ticket does Madge want?

f)   What platform does the train leave from?

Q3 Give the correct way to say these phrases in French.

a) There's a train at half-past ten.

b) A return ticket to Toulouse please.

c) I would like to go to Caen on Tuesday.

d) A single ticket to Bordeaux please.

e) I'd like to leave at six o'clock.

f) The train leaves from platform three.

Q4 Your mum's friend Gina took the Eurostar last time she went to France and can't stop telling you how great it was. Translate her bits of the conversation into French.

Vous:	Alors, elles se sont bien passées, les vacances en France?
Gina:	**Yes. I loved Eurostar — it was so quick!**
Vous:	Ah bon? Ça a pris combien de temps?
Gina:	**The journey lasted about two and a half hours.**
Vous:	C'est génial! On monte où?
Gina:	**At St Pancras station in London.**
Vous:	Cool. J'aimerais bien prendre l'Eurostar un jour.

At 6 Mr Bond? No, I really don't think that will be possible.

BOILING OIL

Trains

Q1 Translate this railway station vocab into English.

a) l'horaire   e) la consigne   i) le billet   m) le RER

b) le guichet   f) monter dans   j) le TGV   n) la couchette

c) la salle d'attente   g) la gare   k) le retard   o) le métro

d) en provenance de   h) arriver   l) descendre de   p) le compartiment

Q2 Read this beautiful timetable and answer the questions about it in English.

	a h	d	e	a	d	c	a	e	g	c
Reims	08h49	—		10h29	10h29	10h49	—		—	—
Fère-en-Tardenois	09h27	—		11h08	11h09	11h27	—		—	—
Paris	10h11	10h43	10h50	11h48	11h48	12h11	12h14	12h41	12h05	12h44
Orléans	10h53	—	11h24	12h31	12h40	12h53	—	—	—	13h25
Blois	11h17	—	12h01	12h52	12h58	13h17	—	13h39	—	14h06

LÉGENDE
a: du lundi au samedi   e: samedi seulement
b: sauf dimanche   f: sauf samedi
c: tous les jours   g: jours fériés seulement
d: le week-end seulement   h: sauf jours fériés

Trains

Q1 Translate this railway station vocab into English.

a) l'horaire   e) la consigne   i) le billet   m) le RER

b) le guichet   f) monter dans   j) le TGV   n) la couchette

c) la salle d'attente   g) la gare   k) le retard   o) le métro

d) en provenance de   h) arriver   l) descendre de   p) le compartiment

Q2 Read this beautiful timetable and answer the questions about it in English.

	a h	d	e	a	d	c	a	e	g	c
Reims	08h49	—		10h29	10h29	10h49	—		—	—
Fère-en-Tardenois	09h27	—		11h08	11h09	11h27	—		—	—
Paris	10h11	10h43	10h50	11h48	11h48	12h11	12h14	12h41	12h05	12h44
Orléans	10h53	—	11h24	12h31	12h40	12h53	—	—	—	13h25
Blois	11h17	—	12h01	12h52	12h58	13h17	—	13h39	—	14h06

LÉGENDE

a: du lundi au samedi   e: samedi seulement
b: sauf dimanche   f: sauf samedi
c: tous les jours   g: jours fériés seulement
d: le week-end seulement   h: sauf jours fériés

a) In Paris you're waiting for your 10h50 train to Blois, when you notice this flash up on the display board: "Le train pour Blois a 30 minutes de retard". What does this mean? What time will you arrive in Blois now?

b) It's early Saturday morning and you're in Reims. What time does the first train to Paris leave?

c) Monday is a public holiday. You're in Fère-en-Tardenois. You need to get to Blois. How many trains are there to Blois? What are their departure times?

d) You'd like to go to Paris on Sunday. You live in Reims. You need to arrive in Paris between 12 and 1pm. Is this possible? If so, what time does the train leave Reims?

e) You're in Paris on a Saturday. You'd like to go to Orléans and you plan to arrive at around 1:30pm. Is this possible?

f) It's quarter to ten on a normal Monday morning. You're in Reims. You'd like to go to Fère-en-Tardenois. What time does the next train leave? What time will you arrive in Fère-en-Tardenois?

g) You're in Paris on a Wednesday. You'd like to go to Blois. It's half past ten. What time does the next train leave?

Other Transport

Q1 How would you say the following in English?

e.g. en chameau = by camel

a) en bus

d) en car

g) à moto

b) à vélo

e) en bateau

h) en métro

c) en voiture

f) en avion

i) à pied

Q2 Write a sentence like the one below about each of these pictures.

 ➡️ Je vais à Londres en train.

Londres

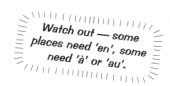
Watch out — some places need 'en', some need 'à' or 'au'.

1) collège

2) terrain de sport

3) ville

4) Italie

5) cinéma

Q3 Complete each sentence with the correct word from the box.

a) Je dois descendre à quel .... d'autobus?

b) Est-ce que mon bébé voyage ....?

c) Quel train va à ....?

d) À quelle .... arrive le bateau?

e) Est-ce que je peux y .... en métro?

f) Quand part le ....?

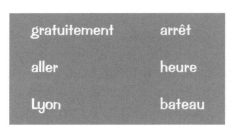

gratuitement	arrêt
aller	heure
Lyon	bateau

Q4 You're going on a bus journey to Clermont-Ferrand and you don't want any mess-ups. How do you ask these things in French?

a) Which bus is going to Clermont-Ferrand?

b) What time does the bus leave?

c) When does the bus arrive?

d) Where is the bus stop?

e) What time does the last bus leave?

f) How much does a return ticket cost?

g) Can I bring my dog?

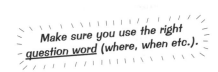
Make sure you use the right question word (where, when etc.).

Tourist Information

Q1   Anna is in Paris when she sees this sign. Read it, then answer the questions on the right in English.

TRAVEL-GO CHAMPS ÉLYSÉES

BUREAU DE CHANGE

Nous achetons et vendons les livres sterling

Nous encaissons les chèques de voyage

Achetez jusqu'à 200 euros sans pièce d'identité

On peut livrer votre argent chez vous

a)   What type of business is this sign advertising?
b)   What currency will they buy and sell?
c)   What will they do with traveller's cheques?
d)   You want to buy 150 euros, but you don't have your passport with you. Is this a problem? Why / why not?
e)   What does 'on peut livrer votre argent chez vous' mean?

Q2   The box below has all the words you need to ask someone for information about the theatre, but they're all scrambled. Rewrite the words in the correct order.

vous renseignements pouvez-vous me théâtre s'il le donner plaît des sur

Q3   Write sentences saying you would like to hire each of these items for the time period shown.

E.g. 'Je voudrais louer des bottes de ski pour une semaine.'

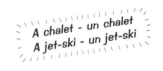

A chalet - un chalet
A jet-ski - un jet-ski

a)

A week

c)

3 days

e)

3rd - 10th February

b)
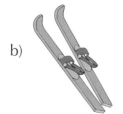

For the ski season

d)

1 hour

f)

½ hour

<u>*Excursions*</u>

Q1 At the Tourist Information Office in Tours, you see a poster listing the excursions you can do by coach. Answer the questions below (no need for full sentences).

Excursions en car

Où	Attraction	Jours	Départ	Prix/prix enfants
Blois	château	mer, sam, dim	10h	€8/€4
Poitiers	les cinémas de l'avenir	mar, jeu, ven	9h	€10/€5
Chenonceaux	château, jardins	mar, mer, sam	9h (mar, mer) 10h (sam)	€10,50/€5,25
Chaumont	château	jeu, dim	9h, 11h	€10/€5
Onzain	vins de la région	sam	10h30	€9,30/€4,65
Paris	centre, Île de France	ven	8h30	€25/€12,50

a) Where would you go to see the latest cinema technology?

b) Which of the châteaux has particularly good gardens?

c) What drink can you try in Onzain?

d) Which trips only happen once a week?

e) Who pays the cheaper price for each excursion?

f) Where can you go on a Wednesday?

g) Which place has two coaches going to it on the same day?

h) On what day are there no excursions?

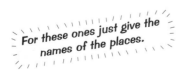

For these ones just give the names of the places.

i) Où est-ce qu'on peut voir un château?

j) Quelle excursion est la plus chère?

k) Où est-ce qu'on peut aller le dimanche?

l) Où est-ce qu'on va pour goûter du vin?

m) Où est-ce qu'on peut aller le mardi, à 9 heures?

Hotels and Hostels

Q1 These are all words you might use at hotels or hostels.
Match the French words with the correct English translation.

a) partir
b) la pension complète
c) la nuit
d) la demi-pension
e) une chambre simple
f) un gîte

g) rester
h) la personne
i) le camping
j) réserver
k) coûter
l) une auberge de jeunesse

m) les vacances
n) la chambre double
o) la note
p) un hôtel

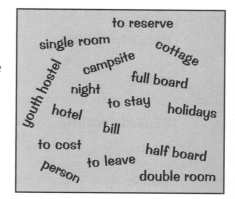

to reserve
single room   cottage
campsite
youth hostel   night   full board
hotel   to stay   holidays
bill
to cost   to leave   half board
person   double room

Q2 Read this conversation about booking a room at a hotel in France, then answer the questions.

Humphrey: Bonsoir. Je m'appelle Humphrey Cornet-Bugle.
Réceptionniste: Monsieur Cornet-Bugle? Avez-vous réservé une chambre?
Nous n'avons pas beaucoup de chambres libres.
Humphrey: Bien sûr. J'ai réservé une chambre double avec bain, pour ma femme et moi.
Réceptionniste: Un moment, monsieur... bien, une chambre double.
Vous restez avec nous pour deux nuits?
Marjorie: On m'a dit que cet hôtel est très agréable et que nous n'aurons pas envie de partir
— est-ce qu'il est possible de rester plus de deux nuits?
Réceptionniste: Certainement, mais vous devez nous informer un jour à l'avance.

a) Why does the receptionist ask Humphrey whether he's reserved a room?
b) What kind of room have the Cornet-Bugles reserved?
c) How many nights was the original reservation made for?
d) Why does Marjorie want to stay longer?
e) What do the Cornet-Bugles need to do if they want to stay longer?

Q3 Using the words below, fill in the gaps in this advert for an exchange partner.

VENEZ RESTER CHEZ UNE FAMILLE FRANÇAISE

Nous cherchons un garçon ou une fille pour faire un .... *avec notre fils qui a seize ans.*
On vous propose de rester chez nous pendant une .... *. Vous aurez votre propre chambre*
et votre propre .... *aussi. En plus, vous pourrez parler* .... *tous les jours.*

Nous avons beaucoup d'expérience comme famille d' .... *car nous avons reçu des jeunes tous*
les ans depuis 2005. Si vous aussi, vous avez envie de .... *notre connaissance,*
appelez-nous au 08 78 56 45 23.

A. accueil   B. semaine   C. salle de bains

D. faire   E. français   F. échange

Booking a Room/Pitch

Q1   Some of the words in this dialogue have been replaced with pictures. For each image, work out which word(s) is/are missing and write them underneath.

RÉCEPTIONNISTE: Bonjour! Est-ce que je peux vous aider?

VOUS: Oui, je voudrais une chambre avec 🚿 pour 👥.

RÉCEPTIONNISTE: Ça doit être possible — il y a beaucoup de chambres disponibles. Vous voulez une vue sur la cour?

VOUS: Non, je préfère voir 🏊.

RÉCEPTIONNISTE: Pas de problème. Le prix sera €85 par personne par nuit.

VOUS: OK. Est-ce que vous prenez les 💳?

RÉCEPTIONNISTE: Bien sûr.

Q2   Write out the missing parts of this dialogue in French.

PROPRIÉTAIRE: Bonjour! Cherchez-vous un emplacement pour votre tente?
VOUS: Say there are five of you and you want to pitch two tents.
PROP: Pas de problème. Nous avons beaucoup d'emplacements libres. Combien de nuits restez-vous?
VOUS: Say you and your boy/girlfriend are staying for four nights, but the others are leaving tomorrow.
PROP: Bien. Ça fera quatre-vingt-dix-neuf euros.
VOUS: Say you want to pay by credit card. Ask where the showers are and then say you want your pitches as far away from them as possible.
PROP: Vous serez loin si vous avez besoin de faire pipi la nuit. Mais si vous voulez...

Q3   Finally — what do these signs mean in English?

a)
> **Bienvenue aux Champs du Soleil**
> *emplacements*
> *pour 30 tentes et 15 caravanes*

b)
> **DOUCHES**
> ⬅ **dames**
> **hommes** ➡

c)
> **!**
> **DÉFENSE DE FAIRE DU FEU ICI**

Use the words you know to help you work out any you don't.

d)
> *On peut louer des sacs de couchage ici.*

e)
> **EAU POTABLE**

More on Hotels

Q1   Bernice is staying in a hotel in Cannes. Read the list of questions she asks the receptionist, and use the hotel plan to give the correct answers in French.

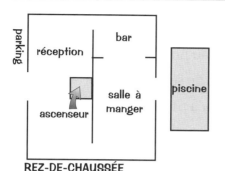

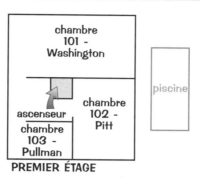

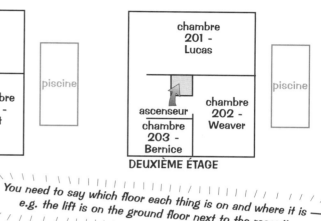

REZ-DE-CHAUSSÉE   **PREMIER ÉTAGE**   **DEUXIÈME ÉTAGE**

You need to say which floor each thing is on and where it is — e.g. the lift is on the ground floor next to the reception.

a)   Où est la salle à manger, s'il vous plaît?

b)   À quel étage est ma chambre?

c)   Est-ce que je peux voir la piscine de ma fenêtre?

d)   En ce moment ma voiture est garée dans la rue à côté. Où est le parking, s'il vous plaît?

e)   Il m'est très important d'avoir une chambre près de la chambre de M. Pitt. Où est sa chambre?

f)   Et la chambre de M. Washington. Où est-elle?

Q2   Bernice needs the loo. How should she ask where the toilets are?

Q3   The receptionist gives Bernice a lecture about the rules of the hotel. Read it, then answer the questions in full French sentences, using the phrases in the box to help.

> "Maintenant, il est deux heures et quart, et la salle à manger est fermée. Mais si vous voulez quelque chose, par exemple du café et un sandwich, je peux l'envoyer à votre chambre. La salle à manger est ouverte pour le petit déjeuner entre sept heures et demie et dix heures. Le déjeuner est servi entre midi et quinze heures. Quand vous quittez l'hôtel, il faut quitter la chambre avant onze heures."

à quinze heures	pas possible	deux heures et quart
la salle à manger	du café et un sandwich	avant onze heures

a)   Quelle heure est-il maintenant?

b)   Quel endroit dans l'hôtel est fermé en ce moment?

c)   Qu'est-ce que le réceptionniste offre d'envoyer à la chambre de Bernice?

d)   Est-ce qu'il est possible de prendre le petit déjeuner à sept heures?

e)   Le service du déjeuner finit quand?

f)   Quand faut-il quitter la chambre quand on quitte l'hôtel?

Problems with Accommodation

Q1   Match up the beginnings and endings of these sentences complaining about hotels.

a) Je voulais prendre un bain mais...   ... mes enfants ne peuvent pas dormir.

b) La chambre est sale...   ... car la chambre est trop chaude.

c) Il y a trop de bruit et...   ... on n'a pas d'eau potable dans la chambre.

d) Il y a des araignées...   ... il n'y avait pas de serviettes dans la chambre.

e) La télévision est cassée...   ... parce qu'elle n'a pas été nettoyée.

f) Je n'arrive pas à dormir...   ... et je m'ennuie.

g) Mon mari a soif mais...   ... dans le bain.

Q2   You're thinking about a stay in 'Le Cygne' hotel, but you've just found a website where it's got terrible reviews. Read them and then say whether the statements below are true or false.

Hôtel Le Cygne: Critiques

 Je n'ai pas du tout aimé cet hôtel — les draps étaient sales et il y avait du bruit pendant toute la nuit car l'hôtel était au-dessus d'une boîte de nuit.
Margaret, Londres

 J'étais malheureuse pendant trois nuits. La télévision était cassée, il n'y avait pas de serviettes et le patron était impoli.
Inès, Bordeaux

 Le pire hôtel que j'ai jamais vu — il était froid, démodé et on n'a pas pu prendre le petit déjeuner parce que le restaurant était fermé.
Gary, Manchester

 On a passé un séjour horrible ici — quand j'ai trouvé une mouche dans ma soupe le serveur ne s'est même pas excusé. À éviter.
Cheryl, Newcastle

a) Quand Cheryl a trouvé quelque chose dans son dîner, le serveur a dit 'désolé'.

b) L'hôtel est près d'une boîte de nuit.

c) Gary n'a pas mangé le petit déjeuner à l'hôtel.

d) L'hôtel est très moderne.

e) Cheryl veut que tout le monde reste dans cet hôtel.

f) Inès a cassé la télévision.

Q3   Finally — how would you say these in French?

a) We need some extra pillows.
b) Do you have any bigger towels?
c) I would like a warmer room.
d) I need a clean fork.
e) Could you change the sheets, please?
f) They need an extra bed.
g) Please could I have another key?

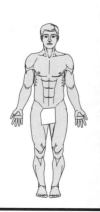

<u>Restaurants</u>

Q1   Claude and Isabelle are in a restaurant. They have this conversation with the waiter. If you answer all the questions below, you'll know it inside out.

Serveur:	Bonsoir, Madame, Monsieur. Vous voudriez une table pour deux personnes?
Isabelle:	Oui, c'est ça, merci.
Claude:	Est-ce que nous pouvons nous asseoir sur la terrasse?
Serveur:	Mais certainement, Monsieur. Vous voudriez commander quelque chose à boire?
Isabelle:	Moi, je voudrais du vin rouge.
Claude:	Pour moi, de l'eau minérale, s'il vous plaît.
Isabelle:	Qu'est-ce que c'est, le plat du jour?
Serveur:	C'est du canard rôti avec une sauce à l'orange.
Claude:	Et c'est comment?
Serveur:	C'est très très bon — c'est une spécialité de la maison.
Claude:	Est-ce que vous avez des crudités?
Serveur:	Oui — est-ce que vous en voudriez?
Claude:	Oui, une portion de crudités s'il vous plaît, et pour le plat principal, la truite avec des pommes frites et des légumes.
Isabelle:	Et pour moi une omelette aux champignons, et après, le plat du jour. Où sont les toilettes, s'il vous plaît?
Serveur:	Vous montez l'escalier au bout de la salle, et les toilettes sont à droite.
Isabelle (plus tard):	Est-ce que nous pouvons payer?
Serveur:	Certainement, Madame.

Read it through carefully then come back to any bits you don't understand.

a)   What time of day is it? How can you tell?

b)   Where do Claude and Isabelle want to sit?

c)   Which person does not want to drink any alcohol?

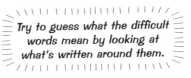
Try to guess what the difficult words mean by looking at what's written around them.

d)   What item on the menu does Isabelle ask about?

e)   Why is the roast duck particularly good, according to the waiter?

f)   What does Claude have as a starter?

g)   What kind of fish does he have for main course?

h)   What main course does Isabelle have?

i)   What does Isabelle have to do to get to the loos?

j)   What is the last thing the pair want to do?

Restaurants

Q1   What's the French for these phrases? Choose the right one out of the three attempts.

Nous sommes trois.
Nous avons trois personnnes.  **There are three of us.**
Nous avons trois.

We'd like a table for four. Nous voudrions nous asseoir quatre fois.
Nous voudrions quatre tables.
Nous voudrions une table pour quatre personnes.

Je prendrais le poulet à la place du poisson.
Je prendrai le poulet à la place du poison. **I'll have the chicken instead of the fish.**
Je prendrai le poulet à la place du poisson.

We'd like to sit outside. Nous voudrions asseoir à l'extérieur.
Nous voudrions nous asseoir à l'extérieur.
Nous voudrions nous asseoir à l'intérieur.

Un addition, s'il vous plaît.
Le addition, s'il vous plaît. **The bill, please.**
L'addition, s'il vous plaît.

Q2   It's good to know how to complain politely — it gets you free stuff.
Scribble down how you'd say these things in French.

a)   **This isn't what I ordered.**   e)   **The service was very slow.**

b)   **I found a hair in my dinner.**   f)   **There's been a mistake.**

c)   **I'm not satisfied.**   g)   **My coffee was cold.**

d)   **I'd like to make a complaint.**   h)   **The pork is undercooked.**

Q3   What's the worst restaurant experience you've ever had?
Tell someone all about it in French. Don't forget to talk about:

➡ Where the restaurant was   ➡ The food

➡ What kind of restaurant it was   ➡ The service

➡ When you went   ➡ Any other problems

Q4   What does 'service compris' mean? Look it up if you don't know.

Holidays

Q1 Four people were asked where they went on holiday and what they did. Use the table to answer the questions below.

	Où es-tu allé(e)?	Avec qui?	Pour combien de temps?	Comment tu y es allé(e)?	Qu'est-ce que tu as fait?
Matthieu	Bretagne	Ma famille	quinze jours	en voiture	plage, tennis
Jacqueline	Allemagne	Mes copines	trois semaines	en train	châteaux, randonnées
Alice	Grèce	Mon père, ma mère, mon frère	dix jours	en avion	plage, ruines
Blaise	Angleterre	Mon copain	deux semaines	en bateau	concert, tennis

a) What two things did Jacqueline do on holiday?

b) Who did Blaise go on holiday with?

c) What did Alice see in Greece apart from the beach?

d) How did Blaise get to England?

e) Who went on holiday with their family?

f) Who went away for two weeks?

g) Who had a holiday in France?

Alice realised cut-price air travel had reached new lows.

Q2 For each of the sentences below, write the question you'd need to ask to get each answer. The table above will help.

a) Blaise est allé en vacances avec son copain.

b) Il y est allé pendant quinze jours.

c) Il est allé au concert.

d) Elle est allée en Grèce.

e) Matthieu y est allé en voiture.

f) Elle y est allée avec sa famille.

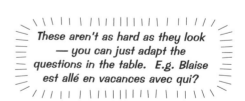
These aren't as hard as they look — you can just adapt the questions in the table. E.g. Blaise est allé en vacances avec qui?

Q3 Final question on this tedious where, who with, how long stuff. Imagine the pictures below represent your last holiday and write a short paragraph to say where you went, who with, how you got there and what you did.

Holidays

Q1 Read these postcards and answer the questions below in English.

> *Mercredi 14 juillet*
>
> Cher Claude,
> Je suis allé en Espagne il y a deux semaines pour rester chez mon correspondant espagnol. C'était fantastique! Il faisait chaud, alors nous sommes allés à la plage chaque jour. Nous avons joué au volley et au tennis. Je me suis bien amusé.
> Amitiés,
> Pierre

> *Lundi 23 août*
>
> Chère Analise,
> Comment étaient mes vacances en Cornouailles? Je ne les ai pas aimées. J'étais en vacances avec ma famille. Nous y sommes allés en voiture et mon frère s'est senti malade. Puis il a plu toute la semaine. L'année prochaine, je vais aller toute seule en vacances en Amérique!
> À bientôt,
> Sophie

> *2 octobre*
>
> Cher Max,
> Salut! Quelles vacances! J'étais à Bognor avec Marilyn, pendant un mois. Je me suis détendu. Il y avait du vent et il neigeait, mais ce n'était pas un problème. Nous restions au camping de Butlins, alors il y avait beaucoup de choses à faire. Chaque soir je suis allé à la discothèque, et je me suis amusé. J'adore Butlins!
> À bientôt,
> Elvis

a) Did Pierre enjoy his holiday?
b) Who was Sophie on holiday with?
c) Did Sophie like her holiday?
d) Where did Elvis go?
e) How did Sophie get to Cornwall?
f) Where did Elvis and Marilyn stay?

g) What was the weather like in Spain?
h) What was Elvis' holiday like?
i) What was the weather like in Bognor?
j) Where did Pierre stay?
k) Did Elvis like Butlins?
l) Where did Pierre go every day?

m) What did Pierre do in Spain?
n) How long was Sophie on holiday for?
o) Where is Sophie going to go next year?

Q2 Write a postcard in French to a friend about your holiday in Scotland.

This postcard is all about what happened in the past — make sure you use the right verb forms.

Wish you were here...

- Say who you went with.
- Give three details about your holiday.
- Say what the weather was like.
- Say what you thought of your holiday.
- Say whether you think holidays are important and why.
- Give three differences between your holiday in Scotland and your holiday in Portugal last year.

Hint: This is asking you to compare.

Holidays

Q1 Look at these jumbled lists of questions and answers.
Write out each question with the correct answer.

Remember there's only one really correct answer for each question.

e.g. *Qu'est-ce que tu vas faire demain?* ➡ *Demain, je vais voir un match de football.*

a) Qu'est-ce que tu vas faire demain?
b) Tu iras en vacances avec qui?
c) Comment iras-tu en Floride?
d) Où est-ce que tu vas aller cette année?
e) Qu'est-ce que tu feras?
f) Tu iras pour combien de temps?

> *J'irai avec ma sœur.*
> *Je vais aller en Floride en avion.*
> *Demain, je vais voir un match de football.*
> *Je vais aller aux États-Unis cette année.*
> *J'irai pour trois semaines.*
> *Je vais aller à Disneyworld.*

Q2 Look at the people and places listed below. Write a sentence
in French to say where each person is going, and when, if necessary.

You'll need to use 'ira' for these sentences.

e.g. *Jean ira aux Pays-Bas.*

Jean — les Pays-Bas   **Françoise — la Russie**   **Nicole — l'Italie**   **Luc — la Suisse**

Marie — l'Allemagne; juin   **Gérald — le Danemark; été**   **David — la Corse; l'année prochaine**

Q3 You've seen this ad in your local newspaper.
Read it, then answer the questions in English.

> ### Gagnez vos vacances de rêve!
> **Si le prix n'avait pas d'importance, où partiriez-vous?
> En safari? Faire un tour du monde? Ou tout
> simplement passer un week-end dans un hôtel à
> cinq étoiles?
> Maintenant vous pouvez gagner votre voyage idéal,
> ainsi que €5000 d'argent de poche. Vous avez
> juste à vous laisser emporter par votre imagination
> et écrire, avant le 12 avril, une description d'environ
> 100 mots sur vos vacances de rêve.
> Bonne Chance!**

a) What is it an advert for?
b) Name three kinds of dream holiday that are mentioned in the ad.
c) What else do you get apart from the holiday?
d) What do you need to do to enter?
e) What is the last date for entries?

Q4 Imagine you're entering the competition —
write about 100 words describing your dream holiday.

You'll need to use the conditional, e.g. 'serait', here.

The Weather

Q1 Match each type of weather with the French description.

a)

c)

e)

b)

d)

f)

il pleut	il fait du soleil	il neige
il y a des nuages	il fait beau	il fait du vent

Q2 Fill the gaps in these sentences using a phrase from the box.

il y a des nuages	il fait du vent	il tonne	il fait beau
il fait du soleil	il fait froid	il fait mauvais	il y a du brouillard

a) Je prends mon parapluie parce qu'................ .
b) Quand .... je fais des promenades.
c) Je porte une écharpe quand ....
d) Rouler quand ...., c'est très dangereux.
e) Quand .... je porte un chapeau de soleil.
f) Mon chien a toujours peur quand ....
g) Nous ne voyons pas le ciel. ....
h) Ma sœur ne va pas à la plage aujourd'hui, parce qu'................ .

Use all the weather phrases — and make sure you only use each one once.

Q3 Change these weather sentences into the future tense. *e.g. Il fait beau. ➡ Il fera beau.*

a) Il pleut.
b) Il fait du vent.
c) Il y a des éclairs.
d) Il fait beau.
e) Il y a des nuages.
f) Il fait froid.
g) Il fait chaud.
h) Il neige.
i) Il fait du soleil.
j) Il tonne.
k) Il fait mauvais.
l) Il y a du brouillard.

Q4 Change these weather sentences into the imperfect tense. *e.g. Il neige. ➡ Il neigeait.*

a) Il fait du soleil.
b) Il y a du brouillard.
c) Il tonne.
d) Il fait froid.
e) Il fait mauvais.
f) Il fait beau.
g) Il neige.
h) Il fait chaud.
i) Il pleut.
j) Il y a des éclairs.
k) Il y a des nuages.
l) Il fait du vent.

Buildings

Q1 Write down the French for each of these places.

Make sure you write down whether it's 'le' or 'la'. Put M or F after any that start with 'l' or 'les'.

a)

b)

c)

d)

e)

f)

g)

h)

i)

j)

k)

l)

m)

n)

o)

p)

Q2 Fill in the gaps in these sentences with the French words for a place or a building.

Don't put a stupid answer in — stick to something sensible, like 'On prend les trains à la gare.'

a) Je vais .... pour changer de l'argent.

b) Hier soir, j'ai vu une très jolie pièce ....

c) On peut voir les objets faits par les gens d'autrefois ....

d) Pourriez-vous m'acheter un journal ....?

e) Je voudrais acheter de l'aspirine. Est-ce qu'il y a .... près d'ici?

Watch out for à and au. Check to see you've put the right one.

f) Harrods, c'est .... le plus connu du monde.

g) Je n'aime pas les hôtels. Ils sont trop chers. Je préfère aller ....

h) Monsieur Schulz se promène tous les jours avec son chien, ...

i) Si vous voulez jouer au squash, vous devez aller ....

Q3 Now write French sentences to say what you do at each of these places.

e.g. J'envoie des lettres et des paquets à la poste.

a)

b)

c)

d)

Asking Directions

Q1   Élise and Cyril are looking for the local museum.
Choose the question that's most likely to get them helpful directions.

     a)   Quand est-ce que le musée est ouvert?
     b)   Est-ce qu'il y a une bibliothèque près d'ici?
     c)   Où se trouve le musée, s'il vous plaît?

Q2   Put the following places in order according to how <u>near</u> they are to you.
Write the list in English, starting with the place that's nearest.

   "La cathédrale est à deux pas d'ici."   *"Vous cherchez la gare? Elle est très loin d'ici."*

   "La poste? Mais elle est en face de toi!"   *"Vous êtes à un demi-kilomètre du château."*

Q3   The tourist office gives Cyril and Élise a printout with directions to the museum.
Read it, then answer the questions below.

> *Syndicat d'initiative*
> **St. Julien**
> *Le Musée des Huîtres*
>
> *Vous vous trouvez maintenant au syndicat d'initiative de la petite ville de St. Julien. Sortez du bureau, et vous vous trouverez sur la Place de la Ville. Prenez la rue Sainte Mathilde, qui se trouve à gauche de la mairie. Suivez cette rue jusqu'aux feux. Puis tournez à droite et continuez tout droit devant le Café Delphine. Au coin vous trouverez le Musée des Huîtres Françaises.*
>
> *Amusez-vous bien à St. Julien!*

     a)   Where are you now?
     b)   What major building will you need to help you find rue Sainte Mathilde?
     c)   How far should you follow rue Sainte Mathilde?
     d)   Which direction do you go in when you turn out of rue Sainte Mathilde?
     e)   Should you change direction when you get to the Café Delphine?
     f)   Where will you find the Musée des Huîtres Françaises?

This is a bit harder — use the vocab from Q3 to help you.

Q4   Think of two landmarks or well-known places in your area.
Write directions in French to help someone get from one to the other.

Where You Live

Q1 Look at the picture of these houses and answer
the questions in French about who lives where.

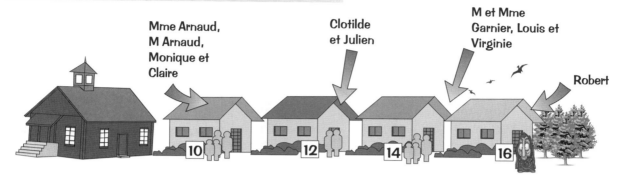

Mme Arnaud,
M Arnaud,
Monique et
Claire

Clotilde
et Julien

M et Mme
Garnier, Louis et
Virginie

Robert

a) Monique habite à quel numéro?
b) Qui habite à côté de Clotilde et Julien?
c) Qui habite à côté de l'école?

d) Qui habite à côté des arbres?
e) Qui habite au numéro dix?
f) Qui habite au numéro douze?

Q2 Match up these descriptions with the correct word from the box.

a) Une maison qui a été construite il y a longtemps.

b) Un lieu avec peu d'habitants, qui se trouve souvent dans la campagne.

c) Paris, Rome ou Londres.

d) Une maison qui partage un mur avec une autre maison.

e) Une maison qui a été construite récemment.

grande ville

maison ancienne

village   maison moderne

maison jumelée

Q3 This is what some French teens had to say about living at home with their families. Put them
into two columns according to whether they're positive or negative aspects of living at home.

a) Ma mère fait la lessive.

b) Je suis obligé de partager une chambre avec mes deux frères.

c) Il y a toujours quelqu'un avec qui on peut parler.

d) Je n'ai pas de vie privée.

e) Mes parents m'aident à faire mes devoirs.

f) Je n'ai pas de loyer à payer.

g) Je dois rentrer avant 23 heures.

h) Je n'ai pas besoin de me faire la cuisine.

i) Mon père m'amène en ville quand je veux.

56

Where You Live

Q1 Here's a tourist magazine article and an interview about Bogville.
Read them through and answer the questions below.

Bogville: Un goût de la Normandie
Bienvenue à Bogville, une ville typique de la France.

Bogville se situe à l'ouest de Paris en Normandie. Avec son charme normand, Bogville est une ville calme, sans problèmes de circulation ni de criminalité. Il y a un marché traditionnel chaque mardi. On peut acheter des souvenirs ou peut-être une bouteille de cidre normand.

Il y a des restaurants, un tabac et une église ancienne. Bogville est vraiment une oasis de tranquillité. Magnifique!

Interview: France Aujourd'hui
Journaliste: *"Qu'est-ce qu'il y a dans ta ville?"*

Olivier: Vivre à Bogville, c'est un peu ennuyeux. Il n'y a rien à faire pour les jeunes ici. Il y a quelquefois des fêtes folkloriques, mais d'habitude c'est une ville très calme, plutôt endormie. Les jeunes préféreraient vivre dans une ville plus grande avec un ciné et des boîtes de nuit. Tu sais, les jeunes gens ne s'intéressent pas beaucoup aux marchés traditionnels. C'est pour les vieux, tout ça. J'aimerais vivre à Paris.

a) Complete these sentences using the information from the article and interview:

Bogville is located .... of Paris.

There is .... every Tuesday.

You can buy ....

Bogville is an oasis of ....

There is .... to do for young people.

The young people would prefer ....

.... don't interest young people.

Olivier would like to live ....

b) Complete the table: true (**V**) or false (**F**). The first one has been done for you.

Olivier aime vivre à Bogville.	F
Bogville se trouve en Normandie.	
D'habitude c'est une ville calme.	
Il y a un cinéma et une boîte de nuit.	
Il y a un marché chaque mercredi.	
Selon Olivier, la ville ne plaît pas aux jeunes.	

Q2 Write a description of the place where you live in French, answering these questions.

- Est-ce que vous aimez vivre dans votre ville? Si oui, pourquoi? Si non, pourquoi pas?
- Qu'est-ce qu'il y a dans votre ville?
- Est-ce qu'il y a beaucoup de choses à faire?
- Où se trouve votre ville?
- Elle est près ou loin de Londres?
- Est-ce qu'il y a une grande ville près de votre ville?

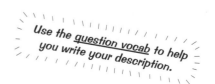

Use the question vocab to help you write your description.

Inside Your Home

Q1 A nice easy one to start off with. Write down the French name for each of the following things you might find in your home.

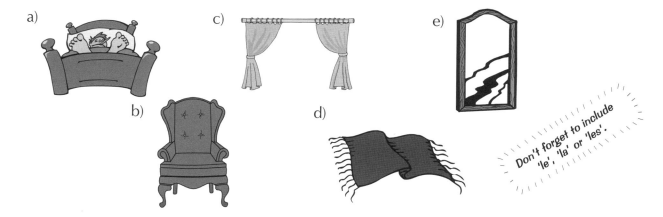

a)

c)

e)

b)

d)

Don't forget to include 'le', 'la' or 'les'.

Q2 Three of these sentences have a mistake in them. Correct the ones that are wrong, and then translate them all into English.

a) La cuisine est jolie — les murs sont rouge et les rideaux sont orange.

b) Le salon est assez grand — les fauteuils sont neufs et verts, mais le tapis est moche.

c) On n'a pas de salle à manger, donc on a une grand table et six chaises dans le salon.

d) La salle de bains est toute petit, mais elle est belle et je l'aime bien.

e) Ma chambre est chouette — les murs sont bleus et il y a une armoire blanche et un lit confortable.

Q3 Answer these fascinating questions in French, making sure you write in full sentences.

a) Est-ce que vous avez une chambre à vous ou est-ce que vous devez la partager?

b) Est-ce que vous avez un jardin? Décrivez-le. Est-ce qu'il y a des arbres, des fleurs, une pelouse?

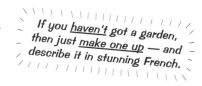

If you haven't got a garden, then just make one up — and describe it in stunning French.

c) Combien de pièces y a-t-il dans votre maison/appartement?

Q4 Your penfriend's curious about your home. Write a short letter in French about your room, answering all of these questions.

- Is your bedroom big or small?

- What floor is it on?

- What furniture do you have in your room?

- What colour are the walls, the carpet and the bed?

Celebrations

Q1 Match up the beginnings and endings of these sentences to say when these special occasions are celebrated.

Le 14 février on fête

Le soir avant le Jour de l'An s'appelle

En Angleterre il y a deux jours fériés

On se retrouve pour fêter Noël

Pâques tombe

La veille de Noël est le

La date du Jour de l'An est

24 décembre.

le premier janvier.

soit en mars, soit en avril.

le 25 décembre.

le Réveillon.

la Saint-Valentin.

au mois de mai.

Q2 Read what these people have to say about their religious festivals, then answer the questions underneath in French.

Émilie

Anita & Maya

Julien

J'aime bien les traditions de Noël, donc on fait la même chose chaque année. Au début décembre on décore l'arbre, et la veille de Noël je vais à la messe de minuit. Je me réveille tôt le jour de Noël pour ouvrir les cadeaux avec mon fils. À midi on mange de la dinde et de la bûche de Noël pour dessert.

Quand nous fêtons le Ramadan on jeûne pendant trente jours — on peut seulement manger lorsqu'il fait nuit et on dîne souvent en famille après le coucher du soleil. Nous allons souvent à la mosquée aussi. À la fin du Ramadan nous mettons de nouveaux vêtements et les enfants reçoivent des cadeaux.

Moi, je fête la Hanoukka — c'est un festival juif, et on l'appelle aussi le festival des lumières. La fête dure huit jours et chaque jour on allume une chandelle de plus jusqu'à ce qu'il y en ait huit. On joue aussi un jeu traditionnel et on mange des plats frits. Des fois, on échange des cadeaux.

a) Qu'est-ce qu'on peut aussi appeler la Hanoukka?

b) Qui ne peut pas manger lorsqu'il fait jour?

c) Où vont Anita et Maya pendant le Ramadan?

d) Que fait Émilie le 24 décembre?

e) Julien allume combien de chandelles?

f) Quels plats mange Émilie?

Q3 Imagine you're having a big celebration for your next birthday and you need to start making plans. Write 100 words in French saying:

- What age you will be
- How you will celebrate your birthday
- Who you will invite (your family, friends etc.)
- Where you will celebrate

The Environment

Q1 Read the article, then say whether the statements on the right are true or false.

Arrêtons la pollution!

C'est simple — nous pouvons tous y faire quelque chose

La ville de Brie-en-Fromage se mobilise — chacun de ses 5000 habitants s'est mis d'accord pour protéger l'environnement. Le maire, Yves Delancourt, dit «Tout le monde ici croit que cela pourrait devenir un grand problème. Brie-en-Fromage est une ville industrielle et nos enfants ont déjà commencé à avoir des problèmes de santé.» On voit déjà des changements dans la ville — un nouveau centre de recyclage vient d'ouvrir ses portes et la construction de zones piétonnes et de pistes cyclables s'est mise en route et devrait être finie avant 2012. Le gouvernement a donc trouvé des solutions, mais que fait le reste de la population? En fait, 30% partagent le voyage au travail avec des amis et les lycéens utilisent les transports en commun. Magalie Cacherel, 49 ans, nous a expliqué la nécessité de ces mesures: «Depuis qu'on a commencé à chercher des solutions, on a beaucoup moins de problèmes de respiration. J'espère que nous serons un bon exemple pour le reste du pays.»

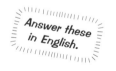

a) Tous les habitants de Brie-en-Fromage veulent protéger l'environnement.

b) Le maire ne croit pas que la pollution soit un problème.

c) Brie-en-Fromage est une ville avec beaucoup d'industries.

d) Quand l'article a été écrit, les pistes cyclables étaient déjà finies.

e) Les adolescents vont au lycée à pied.

f) Il y a moins d'asthmatiques qu'avant.

g) Magalie Cacherel ne pense pas que ce serait possible ailleurs en France.

Q2 Now answer these questions about the article.

Answer these in English.

a) What is the population of Brie-en-Fromage?

b) Why does the mayor think pollution is a problem?

c) What two things are being built in the town to help reduce pollution?

d) When will these two things be finished?

e) What are 30% of residents doing to help?

f) What does Magalie Cacherel say about the effects that the changes have had?

Q3 Write a piece in French for your blog explaining what your town and you personally do to protect the environment. Make sure you say:

- Where you live
- What your town is like (population, local industries etc.)
- Whether you think it's important to protect the environment and why / why not
- What your town does to help protect the environment
- What you and your family do to help protect the environment

School Subjects

Q1   Here's a list of some school subject names in English. Match each one up with the correct French form.

Don't confuse 'la physique' (physics) with 'l'éducation physique' (PE).

physics   Spanish   maths

science   biology   music

PE   history   English

German   IT   D&T

French   art   religious studies

chemistry geography

l'histoire   la musique   le dessin   la chimie   l'éducation religieuse

l'anglais

la géographie   l'éducation physique   l'espagnol   les sciences

le français   les mathématiques   la physique   la biologie   les travaux manuels

l'informatique   l'allemand

Q2   Read this letter from a French student about the subjects she takes and her opinions of them. Then say whether the statements on the right are true or false, or if you can't tell.

Write **V** (vrai), **F** (faux) or **?** (on ne sait pas) in the box next to each phrase.

Exemple:

> **Marseille, le 5 mai**
>
> **Chère Lucy,**
>   Merci de ta lettre. Comme toi, je n'aime pas toutes les matières à l'école. Cette année, je fais sept matières.
>   J'aime beaucoup les sciences — j'aime la biologie, mais ma matière préférée est la chimie.
>   Je déteste le sport, parce que je ne suis pas très forte. J'aime la géographie, mais je préfère les maths.   Je fais l'anglais et le français aussi.
>   Quelle est ta matière préférée?
>   Amitiés,
>   **Brigitte**

Brigitte fait de la géographie.   **[V]**

Brigitte fait de la biologie.   [ ]

Brigitte fait de l'histoire.   [ ]

Brigitte aime les sciences.   [ ]

Brigitte n'aime pas le sport.   [ ]

Sa matière préférée est le français.   [ ]

Elle préfère les maths à la géographie.   [ ]

Brigitte aime l'anglais.   [ ]

Watch out for that '?' option. You have to use it if the information isn't given in the text.

Remember: these need to be answered in the present tense.

Q3   Answer these questions in French.

a) Depuis quand apprends-tu les maths?

b) Depuis quand apprends-tu l'anglais?

c) Depuis quand apprends-tu le français?

d) Depuis quand vas-tu à ton collège?

School Routine

Q1 Look at the pictures of different forms of transport below. For each one, write a full sentence in French saying how you get to school.

Remember — some forms of transport take 'en' and some take 'à'...

Q2 Read this passage about John's day and answer the questions below it in English.

> À huit heures moins le quart, je vais au collège en autobus avec mes copains. Les cours commencent à huit heures. Nous avons huit cours par jour. Chaque cours dure quarante minutes. À dix heures vingt, nous avons une pause de vingt minutes. À midi, nous avons la pause de midi. Les cours finissent à quatorze heures trente-cinq. Nous faisons une heure de devoirs par jour. Bientôt c'est la fin du trimestre et nous avons deux semaines de vacances pour Pâques.

a) What time does John go to school?

b) When do lessons begin?

c) How many lessons are there per day?

d) How long does each lesson last?

e) What happens at 10:20am?

f) When is the lunch break?

g) How much homework does he do?

h) Which holidays are coming soon?

Q3 Some French teenagers were asked if they were looking forward to going back to school. Draw a smiley face or a sad face according to whether they're happy about it or not.

DAVID: "J'ai passé de bonnes vacances mais je me sens prêt à recommencer mes études."

SAMANTHA: "J'en ai marre de ma famille. Vive la rentrée!"

JEAN-CLAUDE: "Je n'ai aucune envie d'être enfermé pendant neuf heures."

MARIE-ÉLISE: "J'ai hâte d'apprendre plein de nouvelles choses."

CÉCILE: "Je n'aime pas être en cours, mais je veux rentrer car j'ai envie de voir mes amis."

Q4 Write three sentences in French about your school routine. Use the passage in question 2 to help you.

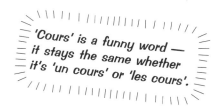
'Cours' is a funny word — it stays the same whether it's 'un cours' or 'les cours'.

School Stuff

Q1   Look at Ben's timetable and answer the questions below.

	lundi	mardi	mercredi	jeudi	vendredi
9.00-9.40	maths	anglais	maths	français	chimie
9.45-10.25	physique	histoire	maths	physique	chimie
10.50-11.30	dessin	français	histoire	maths	français
11.35-12.15	anglais	français	chimie	anglais	histoire
12.20-13.00	français	maths	anglais	anglais	maths
14.00-14.40	chimie	physique	français	musique	dessin
14.45-15.25	chimie	physique	dessin	musique	dessin

Tricky vocab:
la pause de midi	= lunch hour
le trimestre	= term
en été	= in summer
les règles	= rules
les devoirs	= homework

Learn these words if you get the chance — they'll come in handy.

a)   Read these statements and say whether they're true or false.

i)   Ben fait le dessin dans l'après-midi deux fois par semaine.
ii)   Le lundi, Ben fait deux heures de chimie.
iii) Ben fait plus de français que d'anglais.
iv)   Le dernier cours de Ben le mardi est la physique.

b)   Answer these questions in English.

i)   What is Ben's first lesson on Tuesday? And on Thursday?
ii)   How many history lessons does he have each week?
iii) How many chemistry lessons does he have on Friday?
iv)   How many double chemistry lessons does he have each week?

c)   Répondez à ces questions en français.

i)   Quel est le premier cours de Ben le mardi?
ii)   À quelle heure commencent les cours? À quelle heure finissent les cours?
iii) Ben a combien de cours par jour?
iv)   Combien de temps dure chaque cours?

Q2   Your French penfriend has asked you some questions about school.
Write him or her a letter, making sure you answer these questions:

No really, banana studies.

- Comment vas-tu au collège?
- À quelle heure commencent les cours, et à quelle heure finissent-ils?
- Combien de cours as-tu par jour?
- Quelles sont tes matières préférées?
- Que fais-tu pendant l'heure du déjeuner?

School Stuff

Q1 Look at these descriptions of two school uniforms and answer the questions in French.

Mike	Sarah
Notre uniforme est un pull rouge, un pantalon gris ou noir, une chemise blanche et une cravate verte.	Au collège, notre uniforme est une veste bleue, une chemise grise ou blanche, une jupe ou un pantalon gris, et une cravate jaune et rouge.

(a) (i) Le pull de Mike est de quelle couleur?
La cravate de Sarah est de quelle couleur?
Est-ce que Mike peut porter un pantalon rouge?

(ii) Est-ce que Sarah peut porter une jupe?
Qui doit porter une veste bleue?
Qui doit porter une cravate verte?

b) Rewrite these descriptions of school uniforms in full sentences in French.

Andy:	Grey pullover; white shirt; grey trousers; red tie.
Vicki:	Black jacket; grey skirt; green blouse; blue tie.
Marc:	Blue pullover; grey shirt; black trousers; yellow and blue tie.

Use the vocab in part a) to help you.

Q2 Look at these descriptions of school life. Read them carefully and decide whether they're talking about school in the UK or in France.

"On doit passer un examen à l'âge de quinze ans."   "Notre examen s'appelle le BEPC."

"Je porte ce que je veux."   "Je n'ai pas de temps libre — l'école finit à dix-sept heures."

"On porte un uniforme dans la plupart des écoles."   "On n'a pas de cours le mercredi après-midi."

"Nous n'allons pas au collège le samedi matin."   "Les examens? On les passent à 16 et 18 ans."

Q3 Your teacher probably says these things all the time — but what do they mean?

a) **Qu'est-ce que ça veut dire?**

b) **Asseyez-vous!**

c) **C'est faux.**

d) **Comment est-ce qu'on dit ça en français?**

e) **Taisez-vous!**

f) **Oui, tu as raison.**

Q4 Now translate these ones back into French.

a) **How do you spell that?**

b) **I was wrong.**

c) **Can you repeat that, please?**

Nous avons raisins...

Problems at School

Q1 You're reading your favourite French magazine. The agony aunt, Annie, has received these letters. Read them, then answer the questions below.

Chère Annie,
Ça fait des mois maintenant que je m'inquiète. L'année dernière, tout se passait bien au collège mais ce trimestre rien ne va plus. Mes amies ne sont plus du tout sympa avec moi — elles m'appellent par des noms méchants et mes notes sont nulles car je suis trop stressée pour travailler. Que dois-je faire?
Nathalie

Chère Annie,
D'habitude mes études ne me posent aucun problème mais cette année j'ai l'impression que les cours sont devenus beaucoup plus difficiles et surtout que les explications sont trop rapides. J'ai peur d'être obligé de redoubler. Aidez-moi svp.
Nathaniel

Chère Annie,
Mon problème n'est pas mes notes — je travaille dur et elles sont assez bonnes. Cependant, je n'ai pas confiance en moi parce que j'ai des problèmes de peau et on n'a pas le droit de porter du maquillage. En plus, tout le monde porte des vêtements de marque mais ils coûtent trop chers pour moi. Comment faire pour m'en sortir? J'attends vos conseils.
Mathilde

a) Write out these sentences and use the letters to fill in the bits that are missing:

   i)   Nathalie est malheureuse parce que ses .... ne sont pas .... avec elle.

   ii) Mathilde a de bonnes .... mais elle n'a pas .... en elle.

   iii) Nathaniel pensent que les cours sont .... et il trouve les .... rapides.

   iv) Nathalie trouve que ses notes sont .... à cause du fait qu'elle est ....

   v)   Mathilde veut porter des .... mais ils sont trop ....

b) Annie has suggested some ways of solving the problem. Say which person each suggestion relates to.

   i)   **Demandez à vos profs s'ils peuvent vous expliquer les choses plus lentement après le cours.**

   ii) **Vous n'avez pas besoin d'acheter des vêtements à la mode — essayez de trouver votre propre style et vous vous sentirez beaucoup plus contente.**

   iii) **Parlez de vos problèmes avec quelqu'un à qui vous faites confiance, comme votre mère ou un prof — vous vous sentirez tout de suite moins solitaire.**

Q2 Pick your favourite problem from the letters above, and write a reply, giving your own suggestions for possible solutions.

Work Experience & Plans for the Future

Q1 Match up the beginnings and ends of these sentences about work experience.

a) J'ai fait mon stage en entreprise... ...quinze jours.

b) J'y ai travaillé pendant... ...encore fait de stage.

c) Je n'ai pas... ...fait de stage.

d) Je n'ai jamais... ...chez Danone.

e) L'entreprise où j'ai travaillé... ...seize au vingt-trois novembre.

f) J'y ai travaillé du... ...produit des desserts.

Q2 Everyone has an opinion about work experience (unless they were so bored the neurons in their brain got fried). For these opinions, say whether they're positive, negative or neither.

	Positive	Negative	Neither
a) Personne ne m'a parlé — je me suis senti très seul.	☐	☐	☐
b) Mes collègues de travail étaient drôles.	☐	☐	☐
c) Ce n'était pas mal — je n'ai pas eu de problèmes.	☐	☐	☐
d) J'ai appris beaucoup de choses.	☐	☐	☐
e) Je l'ai bien aimé — c'est ce que je veux faire à l'avenir.	☐	☐	☐
f) Je n'aime pas qu'on travaille sans être payé.	☐	☐	☐
g) Bof, ce n'était ni bien, ni mal.	☐	☐	☐

Q3 Read these sentences about the future plans of Anne-Marie and her friends and translate them into English...

a) Je vais entrer en première et préparer le bac.
b) Mon amie Chantelle va se marier et avoir des enfants.
c) Après mon bac, je prendrai une année sabbatique et je voyagerai.
d) Mon copain Paul ne veut pas faire plus d'études — il va chercher un emploi.

Q4 Imagine you have each of these future plans and write a sentence in French explaining what you want to do and giving two reasons why.

e.g. Je voudrais me marier parce que je suis amoureux et je me sens prêt.

a) Go to university and study history

b) Get the job of your dreams

c) Take a gap year and travel

66

Types of Jobs

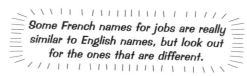
Some French names for jobs are really similar to English names, but look out for the ones that are different.

Q1 Match up all the French jobs with their English counterparts — write both names out side by side.

a) le/la comptable
b) le/la secrétaire
c) l'ingénieur
d) le/la mécanicien(ne)
e) l'électricien(ne)
f) le/la plombier
g) le/la chef de cuisine
h) le boulanger / la boulangère

i) l'acteur / l'actrice
j) le/la musicien(ne)
k) le vendeur / la vendeuse
l) le/la journaliste
m) le/la prof(esseur)
n) le coiffeur / la coiffeuse
o) le gendarme / la femme policier

p) le facteur / la factrice
q) l'agent immobilier (masc.)
r) le/la dentiste
s) le/la pharmacien(ne)
t) l'infirmier / l'infirmière
u) le médecin
v) l'étudiant(e)
w) le boucher / la bouchère

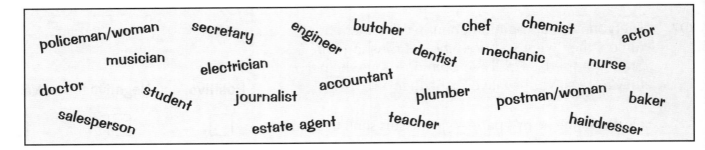

policeman/woman   secretary   engineer   butcher   chef   chemist   actor
musician   electrician   dentist   mechanic   nurse
doctor   student   journalist   accountant   plumber   postman/woman   baker
salesperson   estate agent   teacher   hairdresser

Q2 You've had a dog for a year now and you're a bit bored of walking it. In French, write out an ad for a dog walker, including the following things:

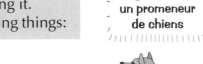
Dog walker = un promeneur de chiens

➤ Say that it's a part-time job.
➤ Say that it's interesting and the conditions are excellent.
➤ Say that the dog is funny and kind.
➤ Say that it pays 2 euros an hour (the job, not the dog).

Q3 These people are talking about the year they spent working abroad in France. Read their comments and then say what kind of job they were doing.

a) "J'ai travaillé chez une famille qui habitait dans le sud de la France — je m'occupais de leurs quatre enfants. La famille était gentille, mais je ne gagnais pas beaucoup et je n'avais pas assez d'argent pour m'amuser."

b) "J'ai travaillé le soir, donc j'avais plein de temps pendant la journée pour voyager et voir un peu le pays. La plupart du temps au travail je servais des boissons ou nettoyais des tables."

c) "Le sport, c'est ma passion, donc j'ai adoré ce que je faisais pendant mon année sabbatique — enseigner les sports d'hiver. En plus, mes collègues de travail étaient formidables."

Jobs and Working Abroad

Q1 Follow the example sentence and practise your job vocab by saying what you want to be, and why. Write full sentences in French for each one.

e.g. Je voudrais devenir médecin, parce que le travail serait intéressant.

a) journalist — I love writing

b) nurse — I want to help people

c) musician — I like playing the guitar

d) mechanic — I'm interested in cars

Q2 Read what these four French teenagers have to say about working abroad, then answer the questions below.

"Je m'appelle Chantal. Je viens de passer une année en Suisse. J'ai travaillé dans une station de ski. Mes collègues étaient très sympa, et le travail m'a plu mais la vie était chère, donc je ne pouvais pas sortir le soir."

"Je m'appelle Paul. J'ai l'intention de faire un stage chez Mercedes en Allemagne. Je veux améliorer mon allemand, tout en gagnant de l'argent."

"Je m'appelle Nicolas. Je n'ai pas vraiment envie d'aller travailler à l'étranger. Mais je voudrais bien faire un stage en entreprise avant de continuer mes études."

"Je m'appelle Lætitia. J'ai envie d'aller aux États-Unis pour une année sabbatique avant d'aller à l'université. J'aimerais bien travailler pour six mois, puis voyager pour voir le pays et rencontrer des gens."

a) Where does Lætitia fancy going?

b) Which of the four already has experience of working abroad?

c) Who mentions language learning as a reason for wanting to work abroad?

Write down 'true' or 'false' for the following statements:

d) Nicolas doesn't really fancy doing a work placement.

e) Paul wants to earn some money abroad.

f) Chantal didn't like the work much.

g) Nicolas is the only one to mention further studies.

Moi, je préférais
être journaliste...

Q3 Translate these sentences into English.

a) Mon ami Alexandre veut devenir journaliste, mais moi je préférerais être plombier.

b) Mon amie Marie-Claude veut devenir factrice, mais moi je préférerais être serveuse.

c) Je voudrais être médecin, mais mon ami Pierre préférerait être jardinier.

Getting a Job

Q1 You are looking for a job in France to improve your French.
Read these job adverts and answer the questions on them.

A
SI VOUS CHERCHEZ
UN JOB POUR LES VACANCES
adressez-vous à
CAMÉO VIDÉO
562.43.22
16, rue de la Mer
Nous cherchons un(e) assistant(e)

B

Élégant et raffiné
Salon de thé
*Cherche
serveur/serveuse
Immédiatement*

33 avenue de la Plage
BÉNODET — 67 41 08 92

C
confiserie
cherche
VENDEUSE
Quatre heures par jour,
du lundi au vendredi
485.62.78

a) What job is being advertised in advert 'A'?
b) Is it a long-term position?
c) What job is being advertised in advert 'B'?
d) When is the job for?
e) What kind of place is advertising in advert 'C'?
f) What do they want?
g) When would you have to work there?

Q2 Ah, interviews — one of the scariest things life can throw at you (apart from driving tests).
Imagine you're phoning to arrange an interview at Disneyland Paris. The conversation
includes the following phrases. What do they mean?

a) **Est-ce que vous pouvez venir pour un entretien?**

b) **Pouvez-vous venir nous rencontrer lundi 14 février?**

c) **Apportez une copie de votre CV, s'il vous plaît.**

Q3 Have a look at this CV and then fill in the gaps
with the words in the oval on the right.

CURRICULUM VITAE
ÉDUCATION
1992:   A' levels (équivalence ....):
        Histoire (B), ... (B), Mathématiques (C)

EXPÉRIENCE PROFESSIONNELLE
Depuis 2005:   .... de ventes chez 'Sales Albion'
1998-2005:   Fonctionnaire

AUTRES RENSEIGNEMENTS
Programme de .... d'informatique (mars 2007)
Je parle .... anglais, français et gallois.

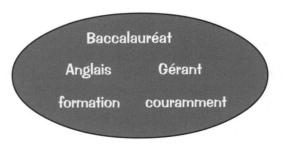
Baccalauréat

Anglais   Gérant

formation   couramment

Q4 Imagine you're applying for the job at Caméo Vidéo in question 1 above. Write an application
letter, giving three reasons why you'd be ideal for the job and including the following phrases:

• J'aimerais poser ma candidature pour le poste de...

• Vous trouverez ci-joint mon CV.

• Je suis disponible pour un entretien...

Telephones

Q1 Answer these questions in full sentences, writing out the numbers in full.

Francine
41 82 35 47

Jacques
39 05 42 81

Clotilde
20 99 50 79

Phone numbers go in twos.
So 41 56 37 60 = quarante et un,
cinquante-six, trente-sept, soixante.

Pizzaville
82 72 82 72

a) Quel est le numéro de téléphone de Jacques?
b) Quel est le numéro de téléphone de Francine?
c) Quel est le numéro de téléphone de Clotilde?
d) Quel est le numéro de téléphone de Pizzaville?
e) Quel est ton numéro de téléphone?

Q2 Read this conversation and answer the questions.

Anne André:	Bonjour Madame Laurent. C'est Anne à l'appareil. Est-ce que je peux parler à Étienne, s'il vous plaît?
Mme. Laurent:	Ah — il est sorti tout à l'heure. Je suis désolée.
Anne André:	Alors, est-ce que vous pouvez lui donner un message?
Mme. Laurent:	Mais bien sûr.
Anne André:	Je voudrais lui demander s'il voudrait aller au cinéma demain soir avec Philippe et moi. Nous allons voir 'Les moutons enragés'.
Mme. Laurent:	Très bien. Je lui demanderai de vous rappeler demain matin — ça va?
Anne André:	Ça sera parfait. Merci, Mme. Laurent. Au revoir.

a) What French phrase does Anne use to say who she is?
b) Who does she want to speak to?
c) Why can't she speak to him?
d) What does she suggest instead?
e) When is Anne going to the cinema?
f) What will Mme. Laurent ask Étienne to do tomorrow morning?

Q3 Here's a similar conversation — write it out again, putting your bits into French.

M. BERNARD:	Allô!
VOUS:	Hello M. Bernard, it's ... speaking. Can I speak to Christine, please?
M. BERNARD:	Je suis désolé, mais elle n'est pas là.
VOUS:	Could you give her a message?
M. BERNARD:	Bien sûr. Eh bien?
VOUS:	Would she like to go to the swimming pool with me tomorrow?
M. BERNARD:	Bon, je le lui dirai. Quel est ton numéro de téléphone?
VOUS:	My telephone number is 71 61 44.
M. BERNARD:	À quelle heure est-ce qu'elle peut te rappeler?
VOUS:	She can call me back at 19.00.
M. BERNARD:	Merci. Au revoir.

Look back at the conversation in Q2 if you're stuck.

The World of Business

Q1 Read this phone conversation about a missing order, then answer the questions below.

VENDEUR:	**Allô, Beaux Jeans Bleus et Compagnie!**
ANNE-SOPHIE:	Bonjour. Ici Anne-Sophie Raverdy. J'ai passé une commande il y a quinze jours, mais elle n'est pas encore arrivée.
VENDEUR:	**Ah bon? Est-ce que vous avez un numéro de commande, Madame?**
ANNE-SOPHIE:	Oui, c'est 0578686.
VENDEUR:	**D'accord. Attendez un instant, s'il vous plaît.**
ANNE-SOPHIE:	D'accord.
VENDEUR:	**Je suis désolé Madame, mais nous avons eu des problèmes avec votre commande. Malheureusement, nous n'avons pas de taille 32 en magasin et on attend une livraison mardi prochain. Est-ce que ce sera un problème pour vous?**
ANNE-SOPHIE:	Oui, j'en ai besoin pour une fête samedi soir.
VENDEUR:	**Je comprends. Je pourrais vous offrir une taille 30 ou 34 à la place...**
ANNE-SOPHIE:	Non, ça n'ira pas. Je voudrais annuler ma commande, s'il vous plaît.
VENDEUR:	**Pas de problème. J'aimerais vous offrir un rabais de 10% sur votre prochaine commande. Je vous assure que d'habitude on n'a pas ce genre de problème.**
ANNE-SOPHIE:	Merci — c'est gentil. Au revoir.
VENDEUR:	**Je vous en prie. Au revoir**

For each of these statements, choose the option that completes the sentence correctly.

a) La commande d'Anne-Sophie est déjà arrivée / n'est pas arrivée / est arrivée il y a 15 jours.

b) Le vendeur demande à Anne-Sophie son numéro de téléphone / son numéro de commande / son nom.

c) Le retard est un problème pour Anne-Sophie / n'est pas un problème pour Anne-Sophie / ne dérange pas Anne-Sophie.

d) Le vendeur propose à Anne-Sophie une autre couleur / une autre marque / une autre taille.

e) Anne-Sophie veut refaire / voir / annuler sa commande.

f) Le vendeur offre à Anne Sophie une réduction de 10% sur sa commande / une réduction de 10% sur sa prochaine commande / de payer 10% plus cher.

Q2 You work for directory enquiries, but your computer system is down. These people call asking for numbers — suggest in French where else they could get them from.

e.g. Je vous conseille d'aller à la poste.

a) **Mrs Beaumont is looking for a hairdresser — tell her to look in the yellow pages.**

b) **Mr Black is looking for a plumber — tell him to find out more on the internet.**

c) **James is looking for a doctor — tell him to look in the phone book.**

d) **Miss Webb is looking for a campsite — tell her to find out more at the tourist information office.**

e) **Samantha is looking for the phone number of Hairy Hounds dog groomer — tell her to look on their website.**

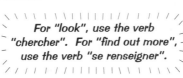

For "look", use the verb "chercher". For "find out more", use the verb "se renseigner".

Articles and Genders

Q1 'Un' is playing 'Une' in a game of basketball. Each of the words below is a point for either Un or Une, according to the gender of the word. Which side wins, and what is the final score?

chat	stylo	village
chien	image	ordinateur
maison	banane	papier
salle	gâteau	verre
table	tasse	journal
chaise	thé	bibliothèque
cheval	café	nation
cahier	ville	pays

Q2 Put **le**, **la** or **l'** in front of each of these nouns depending on whether it's masculine, feminine or starts with a vowel sound. For the **l'** ones, add (m) or (f) after the noun to show whether it's masculine or feminine.

a) cassette

b) arbre

c) bateau

d) oignon

e) hôtel

f) haricot

g) bonheur

h) rue

i) hockey

j) oreille

k) tête

l) main

m) pied

n) auberge

o) histoire

p) hors-d'œuvre

q) chocolat

r) eau

> Some nouns beginning with 'h' have l' in front of them, but some have le or la. Sorry, there's no easy rule to show which is which — you just have to learn them.

Q3 Take each of these nouns and turn them into the plural. Careful though, not all of them change.

a) cheval

b) nez

c) genou

d) fils

e) homme

f) maison

g) chapeau

h) enfant

i) voix

j) journal

k) château

l) petit pois

m) bijou

n) travail

o) mois

Careful — some are just regular plurals that take an 's' on the end...

Q4 Fill in the gaps in these sentences with the plural form of a word in the explosion.

a) Pour me punir, ma mère ne me donne rien à manger sauf des ....

b) Mes amis aiment faire du sport, mais je préfère jouer aux ....

c) Je vais souvent au zoo car j'aime bien voir les ....

d) Je rêve de me marier et avoir des ....

e) Mes .... font toujours pipi dans le jardin de ma voisine.

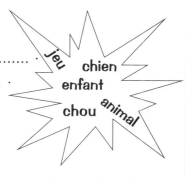

jeu   chien
enfant
chou   animal

À and De

Q1 Use a word from the box to fill the gap in each of these sentences. Then write the complete French sentences out and translate them into English.

à	à la
au	aux

a) Je vais .... collège en voiture.

b) Je vais donner des bonbons .... enfants.

c) On peut changer de l'argent ..... banque.

d) Je vais .... Paris cette année.

e) Ce livre est .... Michel; l'autre est .... moi.

f) Je m'intéresse .... tennis de table.

g) Je nage tous les jours .... piscine.

h) Je déjeune .... midi.

i) Je l'ai vu .... télévision.

j) Cet après-midi, on va .... grands magasins.

Q2 Fill in the gaps in sentences a) to k) with the right words from the oval. Write out the complete French sentences with their English meanings alongside.

a) Je viens ..... France.

b) C'est la voiture ..... ma mère.

c) Le train ..... Reims pour Paris part maintenant.

d) J'ai acheté ..... oranges au marché.

e) Pierre joue ..... violon.

f) Avez-vous ..... chocolat?

g) Je n'ai pas ..... pain.

h) J'ai ..... oranges.

i) Je n'ai pas ..... bananes.

j) Je suis très content ..... avoir ton adresse.

k) Il m'a demandé ..... aller à la poste.

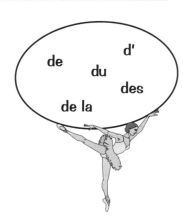

de   d'
   du
      des
de la

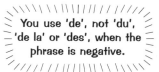
You use 'de', not 'du', 'de la' or 'des', when the phrase is negative.

Q3 Turn these sentences into English.

a) C'est à toi de le faire.

b) Les cassettes de Blaise sont horribles.

c) J'ai offert d'aller à la bibliothèque.

d) La boulangerie est ouverte du lundi au vendredi.

e) J'ai reçu un cadeau de Jean-Jacques.

f) Je vais au Canada en vacances.

g) Je vais en ville à pied.

h) À partir du quatre juin, je serai en vacances.

i) Nous écoutons une émission à la radio.

À and De

Q1 Complete these French sentences with either **à**, **à la**, **à l'**, **au** or **aux**.

   a) Je vais ...... musée.

   b) J'habite ...... Paris.

   c) Nous prenons le petit-déjeuner ...... 8h00.

   d) Je commence ...... comprendre.

   e) Je vais ...... banque.

   f) Je vais ...... Pays-Bas.

   g) Elle est ...... maison.

   h) Je m'intéresse ...... hockey.

   i) J'habite ...... Bournemouth.

   j) Elle a passé le ballon ...... Henri.

Q2 Using **de**, **de la**, **du**, **de l'**, **d'** or **des**, write out these sentences in French.

Do you have any bread?

   a) C'est le livre ...... mon frère.

   b) Elle vient ...... Lyon.

   c) Avez-vous ...... pain?

   d) Avez-vous ...... timbres?

   e) Je n'ai pas ...... timbres.

   f) Avez-vous ...... eau?

   g) Il essaie ...... comprendre.

   h) Il prend le ballon ...... Mathilde.

   i) J'ai une lettre ...... un ami.

   j) Il est difficile ...... parler français.

Q3 Copy out and complete these sentences. Be careful, though — you may need **à**, **à la**, **au**, **à l'**, **aux**, **de**, **de la**, **du**, **de l'**, **des** or no extra word(s) at all.

   a) Je viens .... Reims.

   b) Je vais .... Reims.

   c) J'ai .... fleurs.

   d) J'ai .... une fleur.

   e) Qu'est-ce que tu penses .... football?

   f) Qu'est-ce que tu penses .... mon ami Ben?

   g) La salle de bains est .... deuxième étage.

   h) La cuisine est .... rez-de-chaussée.

   i) Le train part .... quai numéro trois.

   j) Il y a beaucoup à faire .... Lyon.

   k) Nous avons 5 jours .... vacances.

   l) J'aimerais aller .... université.

   m) Il y a des magasins .... Paris.

   n) J'aime .... le poulet.

Adjectives

Q1 Write out these phrases in French using the word **grand** with the right endings on it.

a) The big dog.
b) The big house.
c) The big books.
d) The big trees.
e) The big ears.

'Grand' comes before the noun.

Q2 Using the word **vert** with the right endings, translate these phrases into French.

a) The green mountain.
b) The green coat.
c) The green eyes.
d) The green apples.
e) The green man.
f) The green leaf.

'Vert' comes after the noun.

Q3 Put the right endings on the adjectives in sentences a) to n).
Adjectives which end in **eux** are irregular — use the box of endings to help.

a) Un garçon heur...
b) Une fille heur...
c) Des livres séri...
d) Un repas délici...
e) Des gâteaux délici...
f) Des rues danger...
g) Une histoire merveill...
h) Des films merveill...
i) Des choses séri...
j) Des hommes danger...
k) Une matière ennuy...
l) Des profs ennuy...
m) Ton frère est ennuy...
n) Mes sœurs sont ennuy...

m. sing.	f. sing.	m. pl.	f. pl.
heureux	heureuse	heureux	heureuses

Sérieux, ennuyeux, délicieux, dangereux and merveilleux all get the same endings as this.

Q4 Adjectives ending in **f** are also irregular. Add an adjective with the right ending to each of these sentences. Have a look at the box for some help.

a) Une voiture n...
b) Des garçons sport...
c) Des filles sport...
d) Une femme v...
e) Des résultats négat...
f) Des opinions négat...
g) Un camion n...

m. sing.	f. sing.	m. pl.	f. pl.
neuf	neuve	neufs	neuves

Actif, négatif, sportif and vif all get the same endings as this.

Adjectives

Q1   **Bon**, **mignon**, **ancien**, **gentil** and **cruel** all have similar endings. Their endings are shown in the box. Put the right form of the adjective into each phrase or sentence.

a) Une ..... histoire. **bon**

b) De ..... livres. **bon**

c) Elle a de ..... idées. **bon**

d) C'est un ..... garçon. **bon**

e) Sandrine est ..... . **gentil**

f) Tes frères sont ..... . **gentil**

g) Mes grandes sœurs sont ..... . **cruel**

h) Mme LeBœuf me donne trop de devoirs. Elle est ..... . **cruel**

i) Ces livres sont ..... . **ancien**

j) Cette assiette est ..... . **ancien**

m. sing.	f. sing.	m. pl.	f. pl.
bon	bonne	bons	bonnes

With gentil and cruel, you double the l if it's feminine.

Normally you'd use 'des' to mean 'some'. When you've got an adjective that comes before the noun, 'some' is always 'de'. So it's 'de bons livres', not 'des bons livres'.

Q2   Guess what — some more adjectives that are a bit weird. This time it's **blanc**, **franc** and **sec**. Fill them in with the right endings.

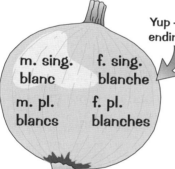

Yup — franc and sec have the same endings. Sèche and sèches have an accent.

m. sing.	f. sing.
blanc	blanche
m. pl.	f. pl.
blancs	blanches

a) Une robe ..... . **blanc**

b) Les vins ..... . **sec**

c) La terre est ..... . **sec**

d) Mes chaussettes sont ..... . **sec**

e) Des papiers ..... . **blanc**

f) Des chemises ..... . **blanc**

g) C'est une femme très ..... . **franc**

Q3   Same again for **premier** and others like it.

a) C'est la ..... fois. **premier**

b) Anne et Betty sont les ..... . **premier**

c) Cette veste est trop ..... . **cher**

d) En France, il y a beaucoup de gens ..... . **étranger**

e) La ..... question est très difficile. **dernier**

f) Paul est très ..... de sa voiture. **fier**

g) Hilda est ma ..... amie. **cher**

h) Nous partons le ..... octobre. **premier**

i) Florence et Sharon sont les ..... à arriver. **dernier**

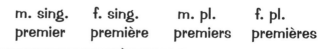

m. sing.	f. sing.	m. pl.	f. pl.
premier	première	premiers	premières

Dernier, fier, cher and étranger have the same endings as this.

Adjectives

Q1   Fill in the gaps in these sentences, using one of the words from the box. The adjectives you're using here are **beau**, **nouveau**, **vieux** and **fou**, which are all irregular.

a)   Elle est une ..... femme.

b)   Ces animaux sont ..... .

c)   J'ai de ..... vêtements.

d)   Tes amis sont ..... .

e)   J'ai une ..... tante.

f)   Ces idées sont ..... .

g)   Jean-Jacques est un ..... homme.

h)   J'ai de ..... chaussures.

i)   Ce ..... homme est mon grand-père.

j)   J'ai acheté un ..... éléphant.

k)   Les montagnes sont ..... !

l)   Mes grand-parents sont ..... .

When beau, nouveau and vieux come before a masculine noun beginning with a vowel or silent h, they become bel, nouvel and vieil.

Use whichever one of these you like as long as it makes sense and the ending matches.

> belle
> beaux
> belles
> bel
> nouveaux
> nouvel
> nouvelles
> vieil
> vieille
> vieux
> fous
> folles

Q2   Fill in the gap in each sentence with a word from the left. You need the adjectives **long**, **tout** and **public**, which are (guess what) irregular.

longs
toute
toutes
tous
longues
publiques
longue

a)   ..... mes amis sont ici.

b)   Elle a les cheveux ..... .

c)   J'aime les toilettes ..... .

d)   Cette rue est très ..... .

e)   ..... les bananes sont marron.

f)   Je reste ici pendant ..... la journée.

g)   Ces pièces de théâtre sont trop ..... .

Q3   For each of these sentences, replace the English word in brackets with the correct form of either **chaque** or **quelque**.

a)   (Some) vieil homme conduisait ma nouvelle voiture.

b)   Eric a acheté (some) fromages puants.*

c)   (Each) chien doit porter son propre sac.

d)   J'aimerais rencontrer (some) beaux hommes.

e)   (Each) Français aime manger des bananes bleues.

f)   (Each) fille doit recevoir des fleurs et du chocolat.

Hint: Quelque only changes when it becomes plural — it doesn't have a masculine and a feminine form. Chaque never changes.

*stinky

Adjectives

Q1　Translate these sentences into French, using the adjectives in the box (in the right form).

    a)　She is a very sad girl.

    b)　These questions are very difficult.

    c)　It's a very strange thing.

    d)　My car is fast, but your car is slow.

    e)　I like interesting films.

    f)　These girls are not normal.

All these adjectives go after the noun. Most French adjectives do.

> triste
> difficile
> normal
> intéressant
> étrange
> rapide
> lent

Q2　It's another box — this time it's round and chock-full of adjectives that come before the noun. Translate each sentence into French using the right form of one of these adjectives.

    a)　I have a young sister.

    b)　She has pretty eyes.

    c)　It's a beautiful day.

    d)　He has written two bad books.

    e)　The old women are small.

    f)　I have a big car.

    g)　It's a good song.

    h)　My new onion is pretty.

> bon
> beau
> nouveau
> grand
> jeune
> vieux
> petit
> mauvais
> joli

Remember that some of these have endings that change a lot if they're feminine.

Q3　Translate these sentences into English.

    a)　C'est un ancien écrivain.

    b)　C'est un château ancien.

    c)　Mon cher chien est malade.

    d)　Il aime les montres chères.

    e)　J'ai ma propre chambre.

    f)　Ma chambre n'est jamais propre.

Watch out — these adjectives mean different things depending on if they come before, or after, the noun.

Q4　Fill in the missing adjectives in these sentences.

    a)　J'ai une chemise ..... .　*blue*

    b)　J'ai des chaussettes ..... .　*dark red**

    c)　Ces émissions sont ..... .　*terrible*

    d)　Tu as une ..... robe.　*beautiful*

    e)　Nous sommes au ..... étage.　*first*

    f)　Il chante des chansons ..... .　*strange*

*A colour which is 'dark' or 'light' doesn't get anything added if it's feminine or plural.

Possessive Adjectives

Q1 The adjectives in the table are the ones you use to say **my**, **your**, **his**, **her** and **its**.
Work out which one should fill the gap in each French sentence and write them all out.

Singular			Plural (all forms)
Masculine	Feminine	Before a vowel	
mon	ma	mon	mes
ton	ta	ton	tes
son	sa	son	ses

a) **My** bicycle is red.   .... *vélo est rouge.*

b) **Her** cat is ill.   .... *chat est malade.*

c) Is **your** bird blue?   *Est-ce que* .... *oiseau est bleu?*

d) **His** mother lives in France.   .... *mère habite en France.*

e) I haven't done **my** homework   *Je n'ai pas fait* .... *devoirs.*

f) Have you seen **my** money?   *Est-ce que tu as vu* .... *argent?*

g) Did you speak to **your** sister?   *As-tu parlé à* .... *sœur?*

h) He has lost **his** shoes.   *Il a perdu* .... *chaussures.*

> In French the possessive adjectives have got to agree with the thing being owned, **NOT** with the person who's doing the owning.

Q2 Translate the sentences a) to h) into French. All you have to do is fill the gap with the right adjectives for **our**, **your** and **their** — they're all in the table below.

Singular (all forms)	Plural (all forms)
notre	nos
votre	vos
leur	leurs

a) Where did we park **our** sardine?   *Où avons-nous garé* .... *sardine?*

b) They have lost **their** bags.   *Ils ont perdu* .... *sacs.*

c) **Your** pupils are very well behaved.   .... *élèves sont très sages.*

d) **Your** child is not very beautiful.   .... *enfant n'est pas très beau.*

e) Have you ever met **their** sister?   *As-tu déjà rencontré* .... *sœur?*

f) I have bought **their** presents.   *J'ai acheté* .... *cadeaux.*

g) When did you receive **our** cards?   *Quand avez-vous reçu* .... *cartes?*

h) **Our** cousin is on holiday.   .... *cousin est en vacances.*

Q3 Add the most appropriate possessive adjectives to the sentences below.

a) Pauvre Jean! Il a perdu .... montre et ...... portefeuille.

b) Votre famille est sympa. ...... frère est amusant, ... mère est gentille et j'adore ...... cousins.

c) Je respecte les Gallois. Ils sont fiers de ...... histoire, et ils protègent ...... châteaux et ...... langue.

d) Charlotte est toujours sur ...... portable. Guy est toujours sur ...... console de jeux.

Adverbs

Q1 Translate all of these sentences containing a regular adverb into English.

a) Il marche toujours lentement au collège.

b) Heureusement, elle n'attendait pas depuis longtemps.

c) Il est vraiment sympa!

d) Honnêtement, je ne me souviens pas de ce film.

e) Malheureusement, il est parti la semaine dernière.

f) Il n'est simplement jamais arrivé.

g) Parle plus doucement, le bébé dort!

h) Normalement, je me lève à huit heures.

i) Est-ce que tu peux rapidement aller chercher du pain, s'il te plaît?

j) Ma sœur a totalement oublié de te téléphoner!

Q2 Finish off the sentences with one of the adverbs from the box and write them out. When you've done that, translate them all into English.

a) Il marche ....

b) ...., nous n'avons pas perdu le chien.

c) ...., nous sommes allés au Canada.

d) Ton cadeau m'a fait .... plaisir!

e) Ce film est .... étrange.

f) ...., je me réveille à huit heures.

| lentement |
| normalement |
| heureusement |
| énormément |
| récemment |
| vraiment |

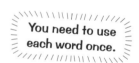

You need to use each word once.

Q3 Turn these adjectives into adverbs. (They should all end in **-ment**.)

a) lent

b) rapide

c) incroyable

d) facile

e) heureux

f) énorme

g) vrai

h) simple

i) honnête

j) complet

k) stupide

l) doux

m) deuxième

n) clair

o) franc

Be careful with the adjectives that have irregular feminine forms.

More Adverbs

Q1   These sentences have all got the adverbs **bien** or **mal** in them.
      Translate them into English.

When they're adverbs
bien = well
mal = badly

a) Il ne se sent pas bien.

b) Je n'ai pas bien compris.

c) Ce que tu as fait est mal.

d) Tu as mal entendu ma question.

e) Ta chambre est mal rangée!

f) Il a bien mangé aujourd'hui.

g) C'était bien d'avouer ta faute!

h) La route était mal indiquée.

Q2   Sentences a) to j) have each got **presque**, **trop**, **très** or **assez** in.
      Write each one out in English.

a) Il est presque midi.

b) J'ai trop mangé ce soir.

c) Tu as presque fini.

d) J'ai assez travaillé pour aujourd'hui.

e) Je n'ai pas assez d'argent.

f) Il fait très beau.

g) Tu as assez parlé!

h) Vous avez bu trop de bière!

i) Ton frère est très sympa.

j) Ne dépense pas trop d'argent en ville!

Q3   In the table below, put ticks to show what's missing. The first one is done for you.

	plus	le plus	neither
Je cours ..... vite que toi.	✓		
Ta mère marche ..... lentement qu'une tortue.			
Il est arrivé ..... rapidement possible.			
Pierre va se coucher ..... lentement possible.			
Cette robe te va ..... mieux que l'autre.			
Tu travailles beaucoup, mais c'est moi qui travaille			

Q4   Each of these sentences contains an adverb. Rewrite them using a different
      adverb from the box so they mean the opposite to what they mean now.

e.g.   Il conduit <u>vite</u>. ⟹ Il conduit <u>lentement</u>.

a) On m'a dit que <u>malheureusement</u> le collège est fermé aujourd'hui.

b) Nous mangeons <u>souvent</u> des escargots.

c) Mon grand-père cuisine <u>mal</u>.

d) Mon partenaire idéal aura <u>beaucoup</u> voyagé.

e) Mon oncle danse <u>normalement</u> quand je mets de la musique.

peu
rarement
heureusement
étrangement
bien

Comparative and Superlative

Q1 Fill in the final words to finish off these sentences.

> e.g. **Jean est grand, mais Philippe est plus grand.**

a) Sylvie est gentille, mais Marie est ..... .
b) M Renard est intéressant, mais Henri est ..... .
c) Mes dents sont blanches, mais tes dents sont ..... .
d) Tes livres sont courts, mais mes livres sont ..... .

Q2 Read Arnaud's account of his competitive family, and complete the table below.

"J'ai un frère qui s'appelle David, et une sœur qui s'appelle Julia. Je suis assez intelligent, mais David est plus intelligent que moi, et Julia est encore plus intelligente que David. David n'est pas aussi rigolo que Julia, et je suis le moins amusant. David est plus grand que moi, et Julia est plus petite que moi. Julia est la plus sportive, et David est le moins sportif. David est plus gentil que Julia et je suis plus méchant que Julia."

	Most	**Middle**	**Least**
intelligent			Arnaud
funny		David	
tall			Julia
sporty	Julia		
kind			

Q3 Using **le plus**, **la plus** or **les plus** write out these sentences in French.

a) Hugo is the tallest.
b) Jeanne is the tallest.
c) Hugo and Jeanne are the tallest.
d) I am strange, but he is the strangest.
e) This tree is the greenest.
f) Mary is the smallest.
g) This book is the most interesting.
h) Your face is the reddest.

Q4 Use the words in the round box to help turn sentences a) to i) into French.

le meilleur
les meilleur(e)s
la meilleure
pire (que)
meilleur (que)
le/la/les pire(s)

a) Sally is better than Mabel.
b) Books are worse than films.
c) He is the best.
d) I am the best actress.
e) John is the worst actor.
f) Yellow bananas are the best.
g) Chocolate cakes are the best.
h) Chocolate cakes are better than biscuits.
i) Tennis is better than football.

Prepositions

Q1 A nice easy one to start. Match these French words to their English translations.

de   dans   sur   pour   à

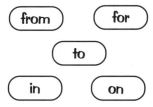
from   for   to   in   on

Q2 Using **en**, turn these sentences into French.

a) I live in Germany.
b) I'm going to Italy on holiday.
c) I live in Scotland.
d) I'm going to the swimming pool by car.
e) I go to school on the underground.
f) My trousers are made of leather.
g) I'm going to France.
h) Jean-Philippe is late.

Q3 Answer the following questions about prepositions.

a) How would you say 'From the 2nd of September'?
b) What's the French word most commonly used to mean 'at'?
c) How would you say 'on the telly'?
d) In the sentence "I've loved you for two years", what French word would you use in place of "for"?
e) What word would you use to translate 'made of'?
f) How would you say 'on foot'?
g) How would you say 'on Tuesday'?

Q4 Using each word in the porthole only once, turn these sentences into French.

a) Lots of orange men live in Nice.
b) "Where's your mum?" "She's in the car."
c) The red apples are in the green bag.
d) My grandparents live in England.
e) Monsieur Le Bœuf lives in Strasbourg.
f) French frogs live in France.
g) The queen lives in London.
h) I hide my magazines in the wardrobe.

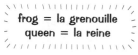
frog = la grenouille
queen = la reine

dans   dans   à   à   en   à   en   dans

<u>More Prepositions</u>

Q1   All these sentences use the preposition **à**. Write them out in English.

    a)   Elle est à l'école du lundi jusqu'au vendredi.

    b)   J'ai vu ta tante au magasin de fromages.

    c)   À six heures il est tombé amoureux de sa femme de ménage.

    d)   Je suis arrivé à midi moins dix.

    e)   Il va à Rome parce qu'il adore les saucissons italiens.

    f)   Venez à Bogville — la ville la plus jolie au monde.

Q2   Now do the same for these sentences that use **pour** or **depuis**.

    a)   Le train pour Calais a dix minutes de retard.

    b)   C'est un cadeau pour toi.

    c)   Je suis venu ici pour voir mon frère.

    d)   J'apprends le français depuis quatre ans.

    e)   Il est ici depuis deux heures.

    f)   La bibliothèque est fermée depuis le 6 juillet.

Q3   For each of these phrases using **qui** or **que**, put a circle around the person or thing that's doing the action, then translate them into English.

    e.g. ⟨le chien⟩ qui mangeait mes chaussettes ⟹ the dog that was eating my socks.

    a)   Le garçon qui porte des chaussures rouges est très bizarre.

    b)   Les enfants que le prof aime sont intelligents.

    c)   Le lapin que tu as tué était délicieux.

    d)   C'est un homme qui aime le poulet.

    e)   Le touriste qu'ils ont vu était violet.

    f)   Les sandales qu'il porte avec des chaussettes sont laides.

    g)   Le gendarme qui a volé ma voiture était vieux.

Pronouns

Q1   Match up the French sentences a) to l) with the right English ones
and write them out together.

a)   Elle te téléphonera demain.   Did you bring them?
b)   Ils ont tous les deux 8 ans.   Where is their stuff?
c)   Nous vous avons vu hier au cinéma.   I've already had some.
d)   Je lui ai donné un livre.   He never speaks to me.
e)   Tu les as apportés?   She'll ring you tomorrow.
f)   Il ne me parle jamais.   He has lost his jacket.
g)   Est-ce que tu as vu mes baskets?   They are both 8 years old.
h)   Il a perdu son blouson.   I'm going there straight away.
i)   Où sont leurs affaires?   I gave him a book.
j)   Notre voiture est au garage.   Our car is at the garage.
k)   J'y vais tout de suite.   Have you seen my trainers?
l)   J'en ai déjà pris.   We saw you yesterday at the cinema.

Q2   Fill the gaps in the second sentences with the right pronoun. It's easy, really.

   e.g. Jeanne est professeur. ..... va chaque jour au collège.

   ⟹   **Jeanne est professeur. Elle va chaque jour au collège.**

a)   Mon père ne travaille pas.   ..... *est au chômage.*
b)   Ma souris est malade.   ..... *ne mange rien.*
c)   Leur père est mécanicien.   ..... *travaille dans un garage.*
d)   Mes sœurs sont jumelles.   ..... *ont toutes les deux 15 ans.*
e)   Ses parents sont en vacances.   ..... *rentrent à la maison la semaine prochaine.*
f)   J'ai rencontré son copain.   ..... *est très sympa.*
g)   J'ai deux chiens.   ..... *sont blancs.*
h)   Mes amies sont en ville.   ..... *m'attendent devant le cinéma.*

Q3   Each of these sentences ends with a possessive pronoun (mien,
sien etc.) but some of them are wrong. Tick the box to say
which ones are correct and which ones are incorrect.

		Correct	Incorrect
a)	Donnez-nous le mouton d'or — c'est la nôtre.	☐	☐
b)	Passe-moi le stylo — c'est les miens.	☐	☐
c)	Demandez si Paul et Pierre veulent cette tente — c'est la leur.	☐	☐
d)	Cette carotte longue est à Anaïs — c'est la sienne.	☐	☐
e)	Prenez cet enfant — c'est la vôtre.	☐	☐
f)	Veux-tu ces gâteaux? Ce sont les tiens.	☐	☐

More Pronouns

Q1 Write these words out in order and underline the direct object pronoun in each one.

e.g. aime il vous ⟹ Il _vous_ aime.

a) nous / il / connaît
b) voit / elle / te
c) le / elle / veut
d) vous / quitte / elle
e) t' / elle / adore
f) nous / regardons / la

Q2 This table shows **in**direct object pronouns. Choose the right one to fill the gaps in the French sentences, and write each sentence out.

	je	tu	il/elle	nous	vous	ils/elles
indirect object pronouns	me/moi	te/toi	lui	nous	vous	leur

a) *We have given them a ham.* — Nous .... avons offert un jambon.
b) *I have given her my number.* — Je .... ai donné mon numéro.
c) *Bring me your exercise book.* — Apporte-......... ton cahier.
d) *I have spoken to you already. (plural)* — Je .... ai déjà parlé.
e) *Give it to me, please.* — Donne-le .... , s'il te plaît.
f) *Please be quiet!* — Tais-......... , s'il te plaît!
g) *She has bought you a palace (sing. informal).* — Elle .... 'a acheté un palais.
h) *He has bought us a present.* — Il .... a acheté un cadeau.

Q3 Match each of the English sentences below with its correct French equivalent. Be careful, as they're not word for word translations.

a) *He is always late!* — Nous, nous sommes toujours à l'heure.
b) *At least she knows what she wants.* — Vous, vous commencez à m'énerver!
c) *At least we are always there on time.* — Eux, ils ne mangeront que des légumes.
d) *As for me, I don't know.* — Elle, elle sait ce qu'elle veut.
e) *You are always right, aren't you!* — Moi, je ne sais pas.
f) *You (plural) are really starting to annoy me!* — Toi, tu as toujours raison!
g) *They (masculine) will just eat vegetables.* — Lui, il est toujours en retard!

Q4 Translate all these sentences into English.

a) Je ne sais pas moi-même.
b) Elle ne se sent pas elle-même.
c) Je ne me connais pas moi-même!
d) Nous ne le connaissons pas nous-mêmes.
e) Ils ne connaissent pas le chemin eux-mêmes.
f) Vous ne venez pas vous-mêmes.

Y and En

Q1 Translate these sentences — they've all got the word **y** in.

e.g. J'y pense. ➡ I'm thinking <u>about it</u>.

a) Il y a deux ananas pour toi.

b) Je commence à y croire.

c) Je n'y pense pas.

d) Nous y avons rêvé.

e) Il y est allé.

f) Ça y est!

This one's a bit more tricky — look it up in the dictionary if you can't work it out.

Q2 Rewrite these sentences using **y** instead of **là**.

e.g. Tu vas là? ➡ Tu y vas?

a) Louis va là tous les mois.

b) Elle va là tout à l'heure.

c) Je ne vais pas là à cause des monstres.

d) Je retourne là l'année prochaine.

e) Il a travaillé là.

f) Je vais là tout de suite.

g) Tu es déjà allée là?

h) On irait là si on avait suffisamment d'argent.

Q3 Moving '**en**' now (geddit?) Match up the French sentences with their English meanings.

a) J'en voudrais deux, s'il vous plaît.

b) J'en ai marre!

c) J'en ai bien peur.

d) Il en a vraiment besoin.

e) J'en ai assez de tes pieds qui puent.

f) On ne s'en sortira jamais!

> He really needs it.
> I've had enough of your stinky feet.
> We'll never manage (to do/finish this)!
> I'm fed up!
> I'd like two, please.
> I'm afraid so.

Q4 Each of these sentences has got the French word **en** in it. Translate them all into English.

e.g. J'<u>en</u> ai quatre. ➡ I've got four <u>of them</u>.

a) Est-ce que tu peux m'en acheter?

b) Il y en a encore.

c) Je n'en ai plus.

d) Les vacances, parlons-en!

e) D'accord, j'en achète huit.

f) La viande, je n'en mange pas.

Q5 Translate the text below, which contains lots of 'y' and 'en', into English. Simple!

Je me suis disputée avec ma meilleure amie, Sandrine, car elle m'a demandé d'aller avec elle à Edimbourg ce week-end, mais j'y suis déjà allée la semaine dernière, et en plus j'en ai marre d'elle. Elle est aussi un peu fâchée parce que je devais lui acheter du chocolat, mais quand je suis allée au magasin, ils n'en avaient plus. Elle voulait savoir pourquoi je n'ai pas regardé ailleurs, mais franchement, je n'y ai pas pensé.

Pronoun Word Order

Q1 Using the diagram below to help you, put the French words in order to make proper sentences. The English meaning should give you a helping hand.

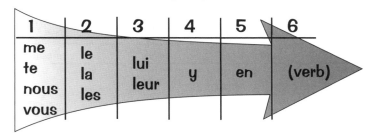

e.g. me   le   il   donne   He is giving it to me. ➡ **Il me le donne.**

1	2	3	4	5	6
me te nous vous	le la les	lui leur	y	en	(verb)

This stuff looks really tricky — but it isn't as hard as you think. Just take your time.

a) voit l' elle y   *She can see him there.*

b) achète le je lui   *I am buying him it.*

c) attend t' mon y père   *My father is waiting there for you.*

d) il les me montre   *He is showing them to me.*

e) vend elle nous la   *She is selling it (feminine) to us.*

f) elle y rencontre les   *She is meeting them there.*

g) en vous achetez lui   *You are buying him some.*

Q2 Now have a go without the English. To make it easier, the first word is already in the right place.

a) **Vous** lui envoyez les

b) **Ma** mère donne t' en

c) **Elles** te ont remboursé l'

d) **Mon** frère y recontre l'

e) **Nous** y l' verrons

f) **Il** m' appelle en leur pour parler

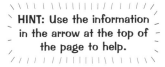

HINT: Use the information in the arrow at the top of the page to help.

Ta copine me l'a donné.

Q3 Translate all of these sentences into English.

a) Je vous l'ai donné.   f) Je te les ai rendus hier.

b) Nous les y avons mangées.   g) Nous l'y avons rencontré la semaine dernière.

c) Vous en avez goûté un peu?   h) Tu me les as offerts pour mon anniversaire.

d) Tu nous en as parlé?   i) Ils ne te les ont jamais apportés.

e) Elle la lui a rendue.   j) Tu leur en as acheté?

Q4 Only one of the three sentences below is correct — put a tick next to the right one, then see if you can translate it into English.

a) Nous le lui avons fait et puis nous vous en avons offert une tranche.

b) Nous lui l'avons fait et puis nous vous en avons offert une tranche.

c) Nous le lui avons fait et puis nous en vous avons offert une tranche.

Demonstrative Adjectives and Pronouns

Q1   Write out these nouns with the right demonstrative adjective from the table.

e.g. .... stylo ⟶ <u>ce</u> stylo

Before singular nouns			Before plural nouns
Masculine	Before a vowel (masculine only)	Feminine	
ce	cet	cette	ces

a)   .... maison

b)   .... orange

c)   .... chapeau

d)   .... chaussettes

e)   .... moustique

f)   .... enfant

g)   .... chiens

h)   .... nouvelle

i)   .... éléphant

j)   .... chocolat

Hats for All Occasions

This hat, sir?

Q2   Write down French sentences a) to f). Fill in the gaps using pronouns from the box.

Singular		Plural	
Masculine	Feminine	Masculine	Feminine
celui	celle	ceux	celles

Pronouns followed by - ci, mean 'this one (here)' and pronouns followed by -là, mean 'that one (there)'.

e.g. J'ai deux chiens. Celui-ci est mignon, mais .... est méchant.

⟶ J'ai deux chiens. Celui-ci est mignon, mais <u>celui-là</u> est méchant.

I've got two dogs. This one is sweet, but that one is naughty.

a) Donne-moi un stylo. Pas celui-là, ..., devant moi.

b) Voici des cahiers. .... ne sont pas très beaux, mais ceux-là sont tout neufs!

c) Voici les robes. Celle-ci est à ma sœur, mais .... est à moi!

d) Regarde ces fleurs! .... sont très belles, mais celles-là sont encore plus jolies!

e) Tu as des stylos feutres? .... ne marchent plus.

f) Tu veux des livres? ...., au fond du magasin, sont excellents.

Q3   Translate each of these sentences into English.

a) Ça ne m'intéresse pas beaucoup.

b) Cela me fait pleurer.

c) Ceci est vrai!

d) Ça, c'est une bonne idée!

e) Tu ne sais pas ça?

f) Nous allons nous organiser comme ceci.

g) Cela me fait mal.

h) Comment ça marche?

Q4   Now do the same for these phrases, which all contain the word **dont**.

a) J'ai vu les enfants horribles dont je suis le père.

b) La maladie dont elle souffre lui donne un nez vert.

c) Il voulait les chips dont j'avais mangé la plupart.

d) La fille dont je partage la chambre.

e) Le garçon dont je mange la banane.

f) La poule dont je vole les œufs.

Conjunctions

Q1   Translate these conjunctions into English.

a) et

b) ou

c) mais

d) parce que

e) car

f) si

g) avec

h) comme

i) donc

j) pendant

k) pendant que

l) alors

Q2   Fill in the gap in each sentence by choosing the right word from the three options. Then write out the sentence in English.

a) J'ai mangé deux bananes ..... trois melons.   **pendant, et, ou**

b) Je veux me promener, ... il pleut.   **avec, donc, mais**

c) Je voudrais un café ..... du sucre.   **avec, car, ou**

d) Sylvie est ..... sa sœur.   **si, comme, mais**

e) ..... le match, nous sommes restés à la maison.   **alors, et, pendant**

f) Tu peux venir ce soir, ... tu veux.   **si, et, pendant que**

g) Je ne peux pas sortir, ... je suis malade.   **ou, avec, parce que**

h) J'ai mis la table ..... ma mère préparait le dîner.   **pendant que, ou, avec**

i) Tu peux manger un fruit ..... du chocolat.   **ou, parce que, pendant**

j) J'aime nager, ... je vais nager tous les jours.   **mais, donc, si**

k) Il ne peut pas venir, ... il a trop de devoirs à faire.   **car, avec, ou**

l) ..... , qu'est-ce qu'on fait maintenant?   **avec, alors, comme**

Q3   Choose a word from Q1 to fill in the gap in each sentence. Make sure it makes sense. Then write down the English meaning of a) to g).

a) Je n'aime pas le tennis, ... c'est trop fatigant.

b) Robert ..... Chantelle viennent ..... nous.

c) Laurent a perdu son porte-monnaie, ... il est furieux.

d) Je reste ici ..... tu achètes des légumes.

e) Elle veut voir un film d'amour, ... je préfère les films comiques.

f) ..... le pingouin énorme vient ici, je vais sortir tout de suite.

g) J'aime la musique rock, ... toi.

Q4   Four of these phrases don't make sense. Rewrite the wrong ones with a more sensible conjunction.

a) J'aime Sylvie car elle est gentille.

b) Je voudrais une pomme donc une poire.

c) Pendant l'après-midi, je suis resté chez moi.

d) Et toi, je bois du thé avec du lait.

e) Ou tu manges le champignon, je te tuerai.

f) Serge aime la natation et le ping-pong.

g) C'est mon anniversaire mais je sors.

h) Nadine veut une chambre avec bain.

Present Tense

Q1 Underline the verb in each of these sentences. The first one has been done as an example.

a) Je <u>vais</u> en Italie la semaine prochaine.
b) J'aime les haricots verts et les chats noirs.
c) C'est encore une journée de pluie.
d) Tu vois ta tante folle le dimanche.
e) Je préfère les chaussettes en cuir rouge.
f) J'ai deux petits frères et six grandes araignées.
g) Vous faisez mes devoirs.
h) Le mercredi, il mange seulement du fromage.
i) Nous détestons le sport et le français.
j) Il y a des élèves très moches dans ma classe.

Q2 For each of these verbs, write down the **infinitive** in French.

Example: to eat ➡ manger

a) to have
b) to want
c) to be
d) to decide
e) to like
f) to do
g) to finish
h) to write

> Golden nugget of knowledge: The infinitive is the form of the verb you get in the dictionary.

Q3 For each of these **er** verbs, write out the right form of the verb.

Example: donner — je ➡ je donne

a) manger — il
b) donner — nous
c) acheter — vous
d) nager — elle
e) jouer — ils
f) montrer — tu
g) demeurer — elles
h) commencer — je
i) cacher — tu
j) bavarder — elle
k) emprunter — nous

Q4 For each of these **ir** verbs, write out the right form of the verb.

a) finir — je
b) choisir — nous
c) punir — ils
d) agir — on
e) réfléchir — je
f) finir — vous
g) choisir — tu
h) punir — elle
i) rougir — nous
j) réussir — vous

Q5 Now for each of these **re** verbs, write out the right form of the verb.

a) battre — je
b) rendre — nous
c) vendre — on
d) attendre — vous
e) descendre — ils
f) entendre — je
g) perdre — tu
h) mordre — il

Q6 These verbs have a mixture of **er**, **ir** and **re** endings. Change them from the person given to the person required.

Example: Je préfère ➡ tu préfères

a) Tu finis — nous ....
b) Ils aiment — j'..........
c) Il vend — tu ....
d) J'attend — elles ....
e) Vous levez — il ....
f) Elles punissent — elle ....
g) Je partage — vous ....
h) Vous jetez — ils ....

Present Tense

Q1 Complete these sentences by translating the English parts into French.

CAREFUL!
One of these sentences needs a present tense verb followed by an infinitive.

a) (I am waiting) mes amis au café.
b) (I eat) mon déjeuner à l'école tous les jours.
c) (They (masc.) start) le travail à huit heures et demie.
d) Elle (likes going) au cinéma.
e) (We are choosing) nos cadeaux de Noël.
f) Le collège (finishes) à trois heures et quart.
g) (He is selling) sa vieille voiture.
h) (You (familiar, singular) study) les vieux champignons.

Q2 Add verb endings in the present tense to sentences a) to h).
Make sure that they make sense, and are grammatically correct.

a) Il rest..... à la maison. Il regard..... le match de rugby à la télé.
b) Nous habit..... au troisième étage. Tu mont..... par l'escalier ou par l'ascenseur.
c) Je mang..... des sandwichs tous les jours à midi. Mes amis mang..... à la cantine.
d) Vous parl..... à votre amie par téléphone. Elle te donn..... de ses nouvelles.
e) Tu fin..... ton verre, et je le rempl..... .
f) Yves et Marc chois..... la rue Gambetta. Ils descend..... la rue à pied.
g) Tu me pos..... toujours des questions, mais je ne répond..... pas.
h) Nous attend..... l'ouverture d'un magasin qui vend..... des journaux.

Q3 Translate these sentences into French.

a) We're eating chicken.
b) We're playing football.
c) They swim every day.
d) They're hiding the cucumbers.
e) I'm borrowing Robert's exercise book.
f) School finishes at 4pm.
g) They always choose the red ball.
h) You (familiar, singular) are selling two dogs.
i) She's waiting for her parents.
j) We often lose the cheese.
k) I'm buying six oranges.

Red, please!

Irregular Verbs

Q1 Write the present tense forms of the verb **être** — to be.

je ....   nous ....

tu ....   vous ....

il/elle/on ....   ils/elles ....

If you can't remember these, look them up. Come back to the questions later and do them without looking them up next time.

Q2 Write the present tense forms of the verb **avoir** — to have.

j' ....   nous ....

tu ....   vous ....

il/elle/on ....   ils/elles ....

Q3 Now for a mixture of irregular verbs. Keep feeding me those present tense forms, people.

a) je .... [faire]   g) je .... [vouloir]   m) je .... [aller]

b) tu .... [aller]   h) tu .... [devoir]   n) tu .... [vouloir]

c) il/elle/on .... [vouloir]   i) il/elle/on .... [faire]   o) il/elle/on .... [devoir]

d) nous .... [devoir]   j) nous .... [aller]   p) nous .... [faire]

e) vous .... [faire]   k) vous .... [vouloir]   q) vous .... [aller]

f) ils/elles .... [aller] l) ils/elles .... [devoir] r) ils/elles .... [vouloir]

Q4 In the conversation below, put the verbs in brackets into the correct forms. You'll need to decide whether they should be in the **present tense**, or whether they can stay in the **infinitive**.

Nicolas: Je [devoir] [faire] la vaisselle? Mais je [vouloir] [commencer] mes devoirs.

Maman: Tu [devoir] [faire] ce que je dis. Sinon, je [aller] me fâcher.

Nicolas: Mais ce n'[être] pas juste, maman. Chantal ne [faire] jamais la vaisselle. Et en plus elle n'[avoir] pas de devoirs à [faire].

Chantal: Tu [être] menteur, Nicolas. J'[aider] beaucoup à la maison. Maman, il ne [vouloir] pas [travailler]. Il n'[avoir] pas de devoirs à [faire].

Nicolas: Je ne [être] pas menteur. Moi, je [travailler] tout le temps, et toi, tu [préférer] [rester] devant la télé. Je [aller] dans ma chambre.

Chantal: Maman, il [aller] [jouer] sur son ordinateur. C'[être] tout ce qu'il [aller] [faire].

Maman: J'en [avoir] assez maintenant. Mes enfants, je vous [aimer], mais vous [être] horribles. Vous [aller] [faire] la vaisselle tous les deux, ensemble.

Irregular Verbs

Q1 Write out these sentences and fill the gap in each one with the right form of the verb in brackets. Watch out — you may need to use the imperative as well as the present tense.

a) Il .... du thé. (boire)

b) Ils .... toujours ça. (dire)

c) Elle .... un journal. (lire)

d) ....-vous ce mot en français? (savoir)

e) Elles .... beaucoup de photos. (prendre)

f) Nous .... toujours quand nous sommes ensemble. (rire)

g) Tu .... beaucoup de cartes postales. (écrire)

h) Je .... une femme avec un chien énorme. (voir)

i) Ils .... venir avec nous. (pouvoir)

j) .... la porte, s'il vous plaît! (ouvrir)

k) Je .... la table avant le déjeuner. (mettre)

Q2 Translate these sentences into French.

a) She wants to go to the cinema.

b) We've got five dogs and two cats.

c) They (female) are in the living room.

d) It's hot today.

e) You (plural) want to do some sport.

f) I'm going to the swimming pool.

g) We're in the classroom.

h) Are you (plural) ready?

i) I'm hungry.

j) Is there much to do in Nantes?

k) In winter, we ski.

l) We should eat more vegetables.

m) Are they going to the park today?

n) Do they want to come to Bogville?

Q3 In the sentences below, the subjects and the verbs don't match. For each sentence, write a new correct sentence changing the verb to match the subject.

e.g. **Je prend** une photo. ➡ **Je prends une photo.**

a) Nous buvez du jus d'orange.

b) Ils met le savon sur la table.

c) Nous écrivent une lettre.

d) Vous lit ce roman.

e) Tu peut porter mes bagages.

f) À quelle heure ouvre les magasins?

Q4 These sentences all have a present tense verb followed by an infinitive. Translate them into English.

a) Mon hamster aime nager dans le bain.

b) Les crevettes détestent pêcher.

c) Tu m'appelles — j'hésite à répondre.

d) Vous adorez aller au musée.

e) Il commence à m'énerver.

f) Je chante toujours — mais maman préfère crier.

Future Tense

Q1   Which of the following verbs is used to form the immediate future tense in French? Circle the correct answer.

aller   être   faire

        avoir   vouloir

Q2   Translate these sentences into English.

a) Je vais vous louer ce bateau pendant trois heures.
b) Il ne va jamais pouvoir manger tous ces légumes.
c) Quand tu vas à Ibiza tu vas danser pendant huit heures.
d) On va participer au concours du plus grand concombre au monde.
e) Nous allons préparer quelque chose pour le goûter.
f) Vous allez vous trouver dans une chambre noire.
g) Elles vont y aller à pied.
h) La voiture fait un bruit bizzare — il est probable qu'elle va tomber en panne.

Q3   Use the parts of aller shown in the flaming box of fire to fill in the gaps in these sentences to create a phrase in the future tense. You'll need to use some parts more than once.

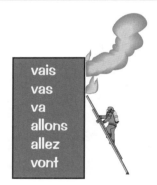

| vais |
| vas |
| va |
| allons |
| allez |
| vont |

a) Je .... ouvrir la porte et toutes les fenêtres.
b) Vous .... nettoyer ma jupe avant de me la rendre.
c) Nous .... pousser la voiture jusqu'à Manchester.
d) Il .... s'occuper de vos enfants pendant une semaine.
e) On .... demander à ton prof de te donner plus de travail.
f) Nous .... prendre l'avion plutôt que le train.
g) Elles .... se maquiller avant de sortir.
h) Tu .... faire tes devoirs sans t'en plaindre.

Q4   Translate these sentences into French using the proper future tense. If you need help, the future tense endings are in the box.

a) She will go to the zoo on Wednesday.
b) We will have pineapple and fish for lunch.
c) They (female) will be able to do it.
d) We will accompany the baby to the beach.
e) He will accompany your grandma during her walk.
f) They (boys and girls) will buy a new car.
g) You (familiar, singular) will find a big, green hat.
h) You (plural) will not eat the seafood.

- ai	- ons
- as	- ez
- a	- ont

Future Tense

Q1 Give the future tense form for each of these verbs.

e.g. donner — je ⟹ je donnerai

a) manger — tu
b) finir — nous
c) commencer — ils
d) prendre — vous
e) dormir — elle
f) sauter — je
g) vendre — elles
h) danser — on
i) jouer — nous
j) prendre — ils
k) arriver — je

Future tense endings	
je ...ai	nous ...ons
tu ...as	vous ...ez
il/elle ...a	ils/elles ...ont

Add them to the infinitive.

Watch out with -re verbs. They have to lose the final 'e' before you can put the future ending on.

Q2 Write these sentences out, replacing the bit in English with the right French verb.

a) Demain, nous *(will buy)* une voiture.

b) Il *(will eat)* tous les gâteaux.

c) Je te *(will give)* toutes les informations.

d) Elles *(will sleep)* pendant dix heures.

e) Tu *(will forget)* les lettres.

f) Vous *(will ask)* s'il est permis d'amener les chiens.

g) Je *(will finish)* par raconter une histoire amusante.

h) Ils *(will write)* un article pour le magazine.

i) On *(will hear)* un bruit très fort.

j) Vous *(will find yourselves)* sur la place du Quatorze Juillet.

Q3 Translate these sentences into French. Be careful, because all the verbs are irregular.

a) I'll see a lot of interesting things.
b) You'll (familiar, singular) be able to go to the beach.
c) They'll (masc.) have too much to do.
d) She'll come here at 3.00.
e) I'll send a present on Tuesday.
f) They'll (fem.) want to see the show.
g) I'll be there all day.
h) You (plural) will do something.
i) We will go to the party.

...and it grows that way naturally? How interesting...

Perfect Tense

Q1 Write out the past participle for these verbs.

> The past participle is the bit of the verb that you use in the perfect tense. It follows <u>avoir</u> or <u>être</u>.

e.g. donner ⟹ donné

a) acheter
b) danser
c) rendre
d) cacher
e) sortir
f) perdre
g) mordre
h) bavarder
i) finir
j) jouer
k) vendre
l) choisir
m) punir
n) manger
o) partir

Q2 Other way round now. Write out the infinitives of these past participles.

e.g. appelé ⟹ appeler

a) cherché
b) vendu
c) servi
d) parti
e) attendu
f) puni
g) trouvé
h) commencé
i) dormi
j) enregistré
k) correspondu
l) grandi

Q3 Circle the thing you <u>don't</u> need to form the perfect tense in French.

stem of the verb in the future tense

past participle

part of 'avoir' or 'être'

Q4 Fill in the perfect tense verb in these sentences. The first one's been done for you.

a) I sold the car.   J'<u>ai vendu</u> la voiture.
b) He's finished.   ....
c) We looked for the lion.   .... le lion.
d) They (male) danced last night.   .... hier soir.
e) Did you (plural) sleep well?   .... bien .... ?
f) She hid the table under the fork.   .... la table sous la fourchette.
g) You (familiar, singular) chose a good film.   .... un bon film.
h) They (female) have eaten all the cake.   .... tout le gâteau.
i) We waited for Pierre for three weeks.   .... Pierre pendant trois semaines.

Q5 Translate these sentences into French.

a) I have bought a new bike.
b) The dog bit my finger.
c) Have you (familiar, singular) lost your bag?
d) We played tennis yesterday.
e) Have you (plural) chosen a cassette?
f) He has eaten yellow snow.
g) They (male) have finished the homework.

Perfect Tense

Q1 Some verbs use **être**, rather than avoir, to form the perfect tense.
Circle <u>all</u> the types of verbs which take **être**.

verbs about   verbs about being   verbs about dying
movement   turned into porridge   or being born

Q2 The perfect tense form of **aller** for **je** is **je suis allé** or **je suis allée**.
Write out all these parts of the perfect tense of **aller**.

a) je (male) —   g) nous (male and female) —
b) je (female) —   h) nous (female) —
c) tu (female) —   i) vous (male and female) —
d) tu (male) —   j) vous (female plural) —
e) il —   k) ils —
f) elle —   l) elles —

Q3 Complete these sentences by putting the verb in brackets into
the perfect tense. Then translate the sentences into English.

a) **Elles** .... **à la gare. (arriver)**

b) **Mon petit frère** .... **(tomber) de la planète Mars.**

c) **Nous** .... **dans la salle de classe. (entrer)**

d) **Ils** .... **ici pendant le match de football. (rester)**

e) **Je** (male) .... **au collège début septembre. (rentrer)**

f) **Tu** (male) .... **à la mer l'année dernière? (retourner)**

The perfect tense endings for these are the normal ones for er, re and ir verbs.

Q4 These perfect tense sentences are missing their agreements.
Fill them in in the gaps provided.

a) **Vous** (male plural) **êtes né......** **pendant que votre père regardait le foot.**

b) **Elle est parti......** **quand elle a entendu la voix de son copain.**

c) **Elles sont entré......** **dans une pièce qui était pleine de poissons morts.**

d) **Il est venu......** **me voir samedi après-midi.**

e) **Tu** (male) **es sorti......** **avec Alice.**

Watch out — some might not need an agreement.

Q5 Write these sentences in French.

a) Yesterday, the old man died.
b) We (female) went out last night.
c) I'm sorry, she has already left.
d) You (female singular, familiar) got onto the horse three times.
e) They (female) went down to eat lunch.
f) They (male) were born in hospital.

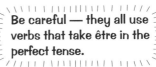

Be careful — they all use verbs that take être in the perfect tense.

Perfect Tense

Q1   Write out the past participle for every one of these verbs. They're all irregular.

a) avoir
b) être
c) naître
d) dire

e) écrire
f) craindre
g) faire
h) conduire

i) ouvrir
j) mourir
k) mettre
l) prendre

m) apprendre
n) rire
o) boire
p) courir

q) pouvoir
r) savoir
s) devoir
t) recevoir

u) voir
v) venir
w) devenir
x) vouloir

y) connaître
z) lire

Q2   Four of the irregular verbs in Q1 take **être**. Write them down.

Q3   Fill in the perfect tense form of the verb needed in these sentences.

a) I said: 'It's not fair!'   .... : 'Ce n'est pas juste!'
b) He drank a glass of water.   .... un verre d'eau.
c) Did you (familiar, singular) see the show?   .... le spectacle?
d) She could have left it on a bench.   .... le laisser sur un banc.
e) We ran five kilometres.   .... cinq kilomètres.
f) What has he done?   Qu'est-ce qu' .... ?
g) Fred and Bill have read this book. Fred et Bill .... ce livre.
h) Have you (polite) opened the door? .... la porte?
i) They have always wanted to go to Greece. .... toujours .... aller en Grèce.
j) The cat has become very big.   Le chat .... très grand.
k) We (female) came here to hear some music. .... ici pour écouter de la musique.
l) The two mice have died.   Les deux souris ....
m) I (male) was born in Paris.   .... à Paris.

Q4   Translate these sentences into French.

a) He drove the car to Lyon.
b) I have learnt a lot of French words.
c) Have you (familiar, singular) received my letter?
d) Albert and Suzanne have written a letter.
e) Have you (plural) eaten something?
f) She took the rubber.

g) We put the cake in the cupboard.
h) He has always been difficult.
i) They (female) laughed.
j) I have had to do the washing up.
k) I feared the enormous monsters.
l) We have seen many films.

Imperfect Tense

Q1 The imperfect tense forms of **être** are in the box on the right. Put the right one into each sentence, write the sentences out, then translate them into English.

a) Tu ...... très content de recevoir le paquet.

b) Nous ..... bronzées après nos vacances.

c) Ils ..... toujours en retard.

d) On ..... heureux si on n'avait pas de devoirs.

e) Vous ..... les premiers à le faire.

f) J'..... très jeune.

g) Le concours de plongée au marécage* ...... amusant.

j'étais	nous étions
tu étais	vous étiez
il/elle/on était	ils/elles étaient

* = bog-snorkelling contest.

Q2 Put the right form of '**avoir**' into each of these sentences. Then translate them into English.

a) Nous ...... beaucoup de temps.

b) On ..... toujours quelque chose à faire.

c) Vous ..... mon adresse.

d) J'..... un melon et une courgette.

e) Ils ..... des problèmes.

f) Tu ..... la grippe.

g) Il y ..... beaucoup à faire à Londres.

Remember — use the imperfect tense.

Q3 Now do the same, but this time with '**faire**.'

a) Nous ...... beaucoup de devoirs tous les jours.

b) Il ...... mauvais pendant mes vacances.

c) Les moutons ..... du bruit au centre ville.

d) Tu ..... les plus beaux gâteaux que j'ai jamais vus.

e) Je ..... la vaisselle avec mes doigts de pied.

Q4 Write out the imperfect form of these verbs, in the right person.

e.g. donner — je ➡ **je donnais**

a) manger — tu
b) finir — nous
c) commencer — ils
d) prendre — vous
e) dormir — elle
f) sauter — je
g) vendre — elles
h) danser — on

Imperfect tense endings	
je ...ais	nous ...ions
tu ...ais	vous ...iez
il/elle ...ait	ils/elles ...aient

Take the present tense 'nous' form of the verb, lop off the -ons and add the imperfect ending.

Imperfect Tense

Q1 Translate these sentences into English. Write them all as 'was/were ...ing'.

a) Je regardais la télévision.
b) Elle dansait dans la salle à manger.
c) Nous attendions le facteur.
d) Ils faisaient beaucoup de bruit.
e) Il tenait un papier dans la main.
f) Tu nettoyais la chambre.
g) Je buvais un café.
h) Vous jouiez au badminton.

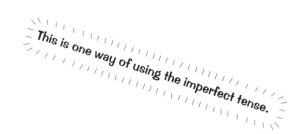

This is one way of using the imperfect tense.

Q2 Translate these sentences into English. Write them all as 'used to ...'.

a) Je jouais du piano.
b) On allait au parc tous les jours.
c) Nous regardions les actualités à la télé.
d) Il portait toujours un manteau gris.
e) Vous achetiez 'le Monde' au kiosque à journaux.
f) Nous nous battions avec notre petit frère.
g) Elles continuaient à travailler tard le soir.
h) Tu croyais au père Nöel.

This is the other way of using the imperfect tense — it's what used to happen.

Q3 Each of these sentences contains two verbs. Rewrite them in the past by turning one verb into the **perfect** tense and the other into the **imperfect**.

a) Claudine <u>va</u> dehors sans parapluie et après, elle <u>est</u> mouillée.
b) Je <u>mange</u> encore du pain parce que j'<u>ai</u> faim.
c) Ils <u>nagent</u> pendant qu'il <u>fait</u> chaud.
d) Vous <u>cassez</u> le vase de votre mère car vous n'<u>avez</u> rien d'autre à faire.
e) On <u>voit</u> le chien quand on <u>parle</u> avec Frédéric.
f) Tu <u>vas</u> au musée quand tu <u>as</u> huit ans.
g) Elles <u>se lavent</u> parce qu'elles <u>sont</u> sales.
h) Il ne <u>fait</u> pas ses devoirs car il <u>dort</u>.
i) Nous <u>nous marions</u> quand nous <u>sommes</u> encore jeunes.

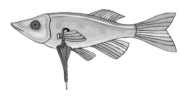

Q4 You can also use the **imperfect** after **depuis** to mean 'had been.' How would you translate the phrase "J'attendais depuis deux heures quand ils sont venus me chercher"?

Reflexive Verbs

Q1 Fill in the reflexive pronoun for each person.

je .... lave
tu .... laves
il/elle .... lave
nous .... lavons
vous .... lavez
ils/elles .... lavent

Ooh! I think I'll just wash myself.

Q2 Write the correct form of **se coucher** for each of these people.

a) Je ....
b) On ....
c) Nous ....
d) Elles ....

e) Tu ....
f) Elle ....
g) Vous ....
h) Ils ....

Q3 Use the verbs in the box to finish the sentences below.

> me sens   te laves   se lève   vous intéressez
> s'appelle   nous excusons   se trouve
> se passe   s'écrit   s'amusent

a) Marie .... tous les jours à sept heures et demie.
b) Je .... mal. J'ai mal à la fesse gauche.
c) Voici mon ami. Il .... Pascal.
d) Nous .... d'arriver si tard.
e) Vous .... au tennis de table?
f) Ce mot est difficile — comment ça .... ?
g) Les enfants sont contents parce qu'ils ....
h) Tu .... avant d'aller au collège? Moi non.
i) Où .... l'église Saint Michel?
j) Je ne sais pas ce qui .... quand je ne suis pas là.

Q4 Choose the right verb from the box, then use the right form of the verb to fill in the gap.

a) Je .... — j'ai cassé votre vase.
b) Nous .... toujours avec du savon particulier.
c) Vous .... quand vous jouez au football?
d) Je te connais. Tu .... Florence.
e) Les appartements .... de l'autre côté du supermarché.
f) J'ai laissé ma sœur à la maison, parce qu'elle .... mal.
g) Mes deux petits frères ne .... jamais de bonne heure.
h) Je .... beaucoup à la musique pop.
i) Il est onze heures du soir — mes parents .... maintenant.

> se sentir
> s'intéresser
> s'amuser
> s'appeler
> se lever
> se laver
> se coucher
> se trouver
> s'excuser

Reflexive Verbs

Q1 Put the right ending on the verb 'se coucher' in each of these phrases.
You'll need an extra 'e', an extra 's', both or neither.

e.g. Elle s'est couchée.   Nous nous sommes couchés.

a) Il s'est couché... .
b) Elles se sont couché... .
c) Nous (female) nous sommes couché... .
d) Elle s'est couché... .
e) Ils se sont couché... .
f) Vous (male, singular) vous êtes couché... .
g) Vous (female, plural) vous êtes couché... .
h) Je (female) me suis couché... .
i) Je (male) me suis couché... .

Q2 Fill in the gaps in these sentences. You'll need two words for each one.

a) Il .... couché.
b) Je .... amusé.
c) Quelque chose .... passé.
d) Nous .... sentis très bien.
e) Elle .... excusée.
f) Ils .... levés.
g) Vous .... lavées.
h) Tu .... endormi.

Q3 Put the words in the right order to make sentences with reflexive
verbs in the perfect tense. Once you're done, translate the sentences.

First, work out what each one's likely to be saying.

a) Elle lavée s'est
b) Ils levés sont se matin ce
c) couchés Nous nous sommes tard trop
d) amusés êtes Vous aujourd'hui vous?
e) s'est Qu'est-ce passé qui?
f) couchées se Elles sont une heure il y a
g) intéressé s'est au l'année Il dernière football

Q4 Put these sentences into the perfect tense.

a) Je (female) me lave.
b) Tu (male) t'excuses.
c) Il s'ennuie.
d) Elle s'endort.
e) Nous (mixed gender) nous couchons.
f) Vous (male, plural) vous levez.
g) Ils s'amusent.
h) Elles s'intéressent au tennis.

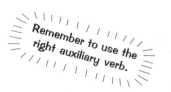
Remember to use the right auxiliary verb.

Q5 Using the right form of the verbs in the box, translate these sentences into French.

| s'amuser | se passer | se coucher | s'intéresser |
| se lever | | s'excuser | se laver |

a) I'm getting up now.
b) Hélène always goes to bed very late.
c) He is having fun.
d) We (mixed gender) had fun yesterday.
e) They (male) are getting up.
f) Cats wash themselves a lot.
g) Are you (familiar, singular) interested in sport?
h) The accident happened an hour ago.
i) She has already apologised.
j) I want to go to bed now.

Titter ye not!

Negatives

Q1 Make these sentences negative by adding **ne ... pas** or **n' ... pas** in the right place.

   e.g. J'aime les chiens ➡️ **Je n'aime pas les chiens.**

   a) Je mange la banane.
   b) Nous lavons nos vêtements.
   c) C'est loin d'ici.
   d) Il lit un livre.
   e) C'est la même chose.
   f) Sandrine est ma soeur.
   g) Je prépare le déjeuner.
   h) J'ai des pommes.

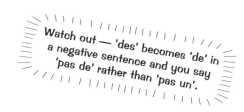

Watch out — 'des' becomes 'de' in a negative sentence and you say 'pas de' rather than 'pas un'.

Q2 Translate these sentences into English.

You can put more than one negative word into a French sentence and it won't cancel out.

   a) Nous n'avons plus de pommes.
   b) Il n'est jamais là.
   c) Je ne joue ni au football ni au tennis.
   d) Tu ne fais jamais aucun effort.
   e) Il n'y a rien à faire à Bogville.
   f) Personne n'aime ta jupe orange.
   g) Je n'ai jamais vu cet homme.
   h) Vous n'avez rien fait aujourd'hui.

Q3 Translate these sentences into French.

   a) I'm not going to school today.
   b) She never plays tennis.
   c) There is nothing in my bag.
   d) There is nobody in the kitchen.
   e) I don't eat meat any more.
   f) He is neither tall nor handsome.
   g) I am not Hélène.
   h) We have no bananas.

Q4 Make these perfect tense sentences negative, using the words in the brackets. You might need to remove some words as well.

   e.g. J'ai fait mes devoirs. ➡️ **Je n'ai pas fait mes devoirs.**

   a) Il est allé au supermarché. (pas)
   b) Mon frère a joué du violoncelle. (pas)
   c) Je suis allée au collège tous les jours. (jamais)
   d) Tout le monde a mangé du gâteau. (personne)
   e) J'ai acheté une carotte et un chou-fleur. (ni ... ni)
   f) Tu as fait beaucoup aujourd'hui. (rien)

Conditional

Q1 The different forms of the **conditional** of **vouloir** are in the box, with Elvis. Put one of them into each of these sentences.

a) Je ..... un café, s'il vous plaît.

b) Nous ..... nous asseoir à l'extérieur.

c) Elle ..... rentrer à la maison.

d) Ils ..... voir le match.

e) Est-ce que tu ..... du thé ou du café?

f) .....-vous venir avec nous?

je voudrais
tu voudrais
il/elle/on voudrait
nous voudrions
vous voudriez
ils/elles voudraient

Q2 Monsieur LeBœuf has made a list of what he would do if he won the lottery. Fill in the gaps with the conditional verbs in the piggy bank.

a) J' .... au théâtre ce soir.

b) Je .... du champagne.

c) J' .... voir chaque pays au monde cinq fois.

d) Je ne .... plus de nourriture pour chiens.

e) Je ne .... pas d'argent ni à ma femme ni à mes amis.

f) J' .... un manteau en or pour mon chat, Bob.

aimerais
irais   achèterais
donnerais   boirais
mangerais

Q3 Translate these sentences into English.

a) Je préférerais rester à la maison.

b) Il mangerait le gâteau entier.

c) Nous détesterions voir un match de football.

d) Je jouerais au hockey, si je n'avais pas mal à la jambe.

e) Ils ont dit qu'ils prendraient la chaise cet après-midi.

f) Je savais que vous aimeriez ce film.

g) Ils danseraient pendant toute la nuit.

Remember, the conditional is usually translated as 'would'.

Q4 Now translate all these sentences into French.

a) I'd go to the cinema, but I don't have enough money.

b) I'd do my homework if I had more time.

c) You (tu) should arrive at the right time.

d) She could lend me her pen.

e) We (mixed gender) would be very happy to help you (plural).

f) You (formal) could get the parcel on Saturday.

The stem (beginning bit) is the same as in the future tense. The end bit is the same as the imperfect.

'Should' needs the conditional of 'devoir', 'Could' needs the conditional of 'pouvoir'.

Imperative

Q1 Put the missing verb into the French sentences. They all need to be in the imperative form.

a) ..... tes devoirs!   *Finish your homework!*

b) ..... à la patinoire!   *Let's go to the ice rink!*

c) Francine et Agnès, ... avec nous!   *Francine and Agnès, come with us!*

d) ..... tes légumes!   *Eat your vegetables!*

e) ..... beaucoup de bruit!   *Let's make lots of noise!*

f) ..... la première rue à gauche.   *Take the first road on the left.*

g) ..... encore une fois!   *Try once more! (to a friend)*

h) ..... !   *Go out! (to a friend)*

i) ..... !   *Go out! (to two friends)*

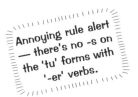

Annoying rule alert — there's no -s on the 'tu' forms with '-er' verbs.

Q2 Change these French sentences into commands.

e.g. **Tu te lèves.** ➡ **Lève-toi!**

a) Tu t'assieds.

b) Vous vous asseyez.

c) Nous nous levons.

d) Tu te couches.

e) Nous nous amusons.

f) Vous vous taisez.

g) Tu me prêtes ton stylo.

h) Vous me donnez de l'argent.

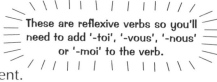

These are reflexive verbs so you'll need to add '-toi', '-vous', '-nous' or '-moi' to the verb.

Q3 Make all these sentences negative.

e.g. **Levez-vous!** ➡ **Ne vous levez pas!**

e.g. **Lis ce livre!** ➡ **Ne lis pas ce livre!**

a) Achète le mouton!

b) Suivez cette voiture-là!

c) Finissons notre projet!

d) Asseyez-vous!

e) Couche-toi!

f) Sors!

g) Allons à la piscine!

h) Plongez dans l'eau!

i) Lève-toi!

j) Taisez-vous!

FOR SALE
Sheep
3 bedrooms

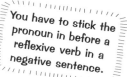

You have to stick the pronoun in before a reflexive verb in a negative sentence.

Q4 Put these sentences into French. They contain a mixture of all the stuff on this page.

a) Look at the moon! (to a friend)

b) Listen to the music! (to more than one person)

c) Let's go to the sports centre!

d) Don't touch the vase! (to a child)

e) Lend me your ruler! (to a friend)

f) Don't go to the museum! (to more than one person)

g) Wash yourself! (to a child)

h) Be quiet! (to a friend)

i) Let's share the dessert!

You gotta be kidding, right?

Savoir, Connaître and Pouvoir

Q1 The different forms of **savoir** are in the box. Insert the right one into each of these sentences and translate the sentences into English.

a) Elle ..... où se trouve la poissonnerie.

b) Je ne ..... pas.

c) Nous ..... beaucoup de choses sur les civilisations anciennes.

d) .....-vous à quelle heure part le premier train?

e) Tu ..... qui a gagné la compétition?

f) Ils ne ..... pas si la pâtisserie est ouverte.

g) Il ..... faire du ski.

h) Je ..... l'allemand.

> By the way, they aren't in je, tu, il order.

savent
sais
savez
sait
savons

Q2 Guess what — the different forms of **pouvoir** are in a box. Insert the right one into each of these sentences and translate the sentence into English.

a) Est-ce que tu ..... m'aider?

b) Je ne ..... pas venir ce soir.

c) Ils ..... jouer au tennis, parce qu'il fait beau.

d) Nous ..... dîner avant sept heures.

e) Cela ..... être vrai — je ne sais pas exactement.

f) Tu ne ..... pas t'asseoir sur ce fauteuil — c'est interdit.

g) Vous ..... porter mes valises.

pouvez
peut
pouvons
peux
peuvent

Q3 Do the same as for Q2 with **connaître**.

a) Tu ..... ma sœur?

b) Il ne ..... pas ce livre.

c) Nous ..... très bien Orléans.

d) Vous ..... cette ville?

e) Je la ..... .

f) Ils ..... les rues de Paris.

connaît
connaissons
connaissent
connais
connaissez

> Not in the biblical sense, no...

Q4 Translate these sentences into French, using one of **savoir**, **connaître** or **pouvoir**.

a) Do you (sing. familiar) know how to swim?

b) We can stay here for three nights.

c) They (male) know the village.

d) I know that he is in the pub.

e) You (sing. familiar) can ask this woman.

f) I am familiar with the programme.

g) I can speak French if you (sing. familiar) like.

h) That can happen.

i) I know that boy.

j) I know many French towns.

k) They (male) know the answer.

l) I know nothing about M. LeBœuf.

m) We can play the piano for your mum.

n) I can speak French (i.e. I know how to).

> Hint: use savoir for talking about a skill you've learnt.

Pluperfect & Present Participles

Q1 These sentences are in the perfect tense. Make them pluperfect by changing the bit of 'avoir' or 'être'. The first one's been done for you.

e.g. J'ai vu ta mère au magasin de jouets. ➡ J'avais vu ta mère au magasin de jouets.

a) Qu'est-ce qu'il a fait de ses lunettes?
b) Vous m'avez décrit votre maison.
c) Il est défendu de prendre les dindes du jardin.
d) Elles ont dépensé beaucoup d'argent pour lui trouver un mari.
e) Nous sommes venus ici pour la première fois en 1943.
f) Tu es descendu pour aller chercher le lapin jaune.
g) Elle est montée sur le lit sans enlever ses chaussures.

avais	étais
avais	étais
avait	était
avions	étions
aviez	étiez
avaient	étaient

Q2 Translate these sentences into English.

a) J'étais allé au supermarché.
b) Il était resté chez lui.
c) Nous étions arrivés cinq heures plus tôt.
d) Elle était descendue pour parler au facteur.
e) Vous étiez déjà retournée en Espagne.
f) Ils étaient venus pour me voir.
g) Tu étais allée à la plage.

These are all verbs that take 'être'.

Q3 Turn these infinitives into present participles (i.e. the 'ing' form).

a) donner   g) faire
b) acheter   h) aller
c) finir   i) dire
d) rendre   j) boire
e) choisir   k) tenir
f) perdre   l) vouloir

Start off with the 'nous' form of the present tense.

Q4 Put these sentences into French. Most of it's done — you just have to fill in the final French word. It'll be a verb with '-ant' on the end.

e.g. He reads the paper while having his lunch. ➡ Il lit le journal en prenant son déjeuner.

a) I played the piano while talking.   *J'ai joué du piano en ..... .*
b) He gives her the baton while running.   *Il lui donne le bâton en ..... .*
c) We explained the situation, blushing.   *Nous avons expliqué la situation en ..... .*
d) She came in screaming.   *Elle est entrée en ..... .*
e) He caught the ball while falling.   *Il a attrapé le ballon en ..... .*
f) She was looking at me while dancing.   *Elle me regardait en ..... .*
g) I lost my hat while returning home.   *J'ai perdu mon chapeau en ..... à la maison.*

Passive, Subjunctive and Impersonal Verbs

Q1   Translate these sentences into English.

a)   Elle est renversée par l'escargot.
b)   Nous sommes vus par les amies de ma mère.
c)   Je suis regardé par tout le monde au théâtre.
d)   Tu es tué par un grand sandwich qui est tombé du ciel.

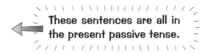
These sentences are all in the present passive tense.

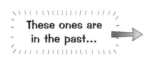
These ones are in the past...

e)   L'homme était mangé par des animaux.
f)   Louis et Carlo étaient punis par leur prof.
g)   Le saumon a été rôti par le cuisinier.
h)   Vous avez été trouvés par les pompiers.

i)   Elles seront blessées si elles ne font pas attention.
j)   Le bébé sera porté dans mes bras.
k)   Je serai amenée au restaurant par mon copain.
l)   Ils seront pris par un homme dans une voiture grise.

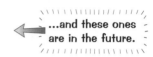
...and these ones are in the future.

Q2   Match up the French sentences a) to i) with the right English ones and write them out together.

a)   Il faut chanter très vite.
b)   Il est nécessaire de manger.
c)   Il neige aujourd'hui.
d)   Il est normal de croire cela.
e)   Il est difficile de dire.
f)   Il me semble normal de partir.
g)   Il est important de porter des vêtements.
h)   Il est étrange de voir ces choses.
i)   Il s'agit d'un homme et d'un chat.

It's snowing today.
It is difficult to say.
It is important to wear clothes.
It seems normal to me to leave.
It is necessary to sing very quickly.
It's about a man and a cat.
It is strange to see these things.
It is normal to believe that.
It is necessary to eat.

Q3   In each of these sentences, fill in the gap with the subjunctive form of the verb in brackets.

All the subjunctives you'll need are in this box.

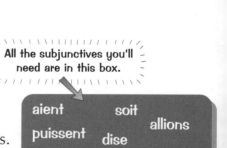
aient   soit   allions   puissent   dise   partiez   fasse   viennes

a)   Il faut que tu (venir) .... — tout le monde sera là!
b)   Il semble qu'ils (avoir) .... une maladie grave.
c)   Avant que vous ne (partir) .... , fermez toutes les portes.
d)   Je veux qu'il me (dire) .... toute l'histoire.
e)   Il est possible que nous y (aller) .... ce soir.
f)   Il est impossible qu'il (faire) .... beau demain.
g)   Il ne croit pas qu'elles (pouvoir) .... faire une chose pareille.
h)   Bien qu'elle (être) .... végétarienne, elle adore les sandwichs au jambon.